Claudia Diemar

Spaniens magische Mitte

Kastilische Kantaten

Claudia Diemar

Spaniens magische Mitte
Kastilische Kantaten

Picus Lesereisen

Picus Verlag Wien

Die Deutsche Bibliothek – CIP-Einheitsaufnahme

Diemar, Claudia:
Spaniens magische Mitte: Kastilische Kantaten /
Claudia Diemar. – Wien: Picus Verl., 2002
(Picus Lesereisen)
ISBN 3-85452-754-3

Grafische Gestaltung: Dorothea Löcker, Wien
Umschlagabbildung: San Antolin,
© Claudia Diemar
Druck und Verarbeitung:
Druckerei Theiss GmbH, A-9400 Wolfsberg
ISBN 3-85452-754-3

Inhalt

Infusíon und Brandy

Vom Frühstück bis zum Schlaftrunk trifft man sich in Spanien in der Bar

Es geschah zu vorgerückter Stunde in einem netten Madrider Restaurant, als sich meine spanische Gesprächspartnerin halblaut erkundigte, ob sie mir eine »sehr persönliche Frage« stellen dürfte. Ich war auf alles gefaßt und beschloß, frank und frei zu antworten. Mein Gegenüber zündete eine Zigarette an, blies den Rauch theatralisch langsam aus und erkundigte sich, ob es stimme, daß man in Mitteleuropa das Frühstück daheim, also in der eigenen Wohnung, einnehme. Ich gab zu, daß es sich so verhalte.

Kaum zu glauben, befand mein Gegenüber. Wie unpraktisch überdies. Allein die ständig notwendige Vorratshaltung von Milch, Brot und Butter etwa. Wie viel Zeit man dadurch verliere, allein an wertvollem Morgenschlaf. In Spanien sei das ganz anders.

Ohne die heimatliche Küche auch nur betreten zu haben, läuft man nüchtern, jedoch voller Tatendrang im Büro ein, läßt den Blick kurz über den Schreibtisch schweifen, begrüßt die Kollegin, um mit dieser gleich darauf in der Bar um die Ecke zu verschwinden. Bei *café con leche* und Gebäck gelte es dann, sich auf den Tag einzustimmen, zu überlegen, was dringend anzugehen, was hingegen hinauszuschieben sei. Auf diese Weise kommt man allmählich auf Touren und kann sich beherzt den Zumutungen des Tages stellen. Alles klar soweit? Im Prinzip schon, räumte ich ein.

Um es gleich zu sagen: In Spanien ist die Bar eine durch und durch seriöse Lokalität. Eine Bar ist kein Nachtlokal und hat weder Schummerbeleuchtung noch halbseidenen Anstrich. In keinem Land der Erde gibt es so viele Bars wie in Spanien. Der Spanier braucht die Bar wie die Luft zum Atmen. In Großstädten beträgt der Abstand von einer Bar zur nächsten nicht mehr als ein paar Schritte. Jeder noch so kleine Weiler hat wenigstens eine solche Lokalität. Nur Friedhöfe haben keine Bar.

Die Bar ist das öffentliche Wohnzimmer jeder menschlichen Ansiedlung. Ohne die Bar käme das soziale Leben zum Erliegen. Niemand in Spanien käme auf die Idee, jemanden zum Essen zu sich nach Hause einzuladen. Das wäre viel zu intim. Zu offiziellen Anlässen trifft man sich in einem Restaurant. Mit Bekannten und guten Freunden dagegen in der Bar. Die Zeiten, in denen die Kneipe an der Ecke reine Männerdomäne war, sind überdies vorbei. Spaniens Frauen haben sich mit Beharrlichkeit und Nonchalance längst einen Platz an der Theke erobert. Selbst ältere Damen mit steifen Dauerwellen schauen inzwischen auf ein Glas Bier herein oder begießen mit Nachbarinnen den erfolgreichen Fischzug durch die Kaufhäuser. Auch Kinder, selbst Säuglinge, trifft man durchaus in der Bar.

Die Bar ist der beste Wecker für einen notorischen Morgenmuffel. Alle Sinne werden wach. Ein Konzentrat von Kaffeearoma liegt in der Luft. Der frisch gewischte Fußboden dünstet chlorig scharfe Seifenlauge aus. Die Espressomaschinen zischen ohrenbetäubend. Der Fernseher läuft, immerfrohe Typen aus den Werbespots exerzieren, wie man optimistisch, dynamisch und erfolgreich durch den Tag kommt. Spielautomaten dudeln, heischen mit bunten Blinklichtern um Aufmerksamkeit. Stimmen schwirren über dem Tresen, Tellerchen klappern, Kellner rufen kurze Bestellbefehle in die Küche. Ein Losverkäufer schaut herein und intoniert das Lied vom Hauptgewinn. Den ersten Schluck *café cortado* durch die Kehle laufen lassen. Ein Stück Gebäck oder ein Schinkenbrötchen dazu. Oder eine *tostada* mit einem Schwapp Olivenöl aus dem Blechkännchen. Oder *churros*, in Öl ausgebackene Teigstränge, in dickflüssige Schokolade tauchen. Doch lieber ein Bierchen oder einen Brandy, um drohender Ernüchterung vorzubeugen? Kein Problem, niemand wird sich über solche frühmorgendliche Bestellung wundern. Wer jetzt nicht munter ist, muß als scheintot abgeschrieben werden.

Hinter dem mächtigen Tresen das Ballett der Barmänner. Schnell, umsichtig und elegant tänzeln sie von der Saftpresse zur heißen Bratplatte und zurück zum fauchenden Ungeheuer, der Kaffeemaschine. Dazwischen werden Untertassen dutzendweise mit Löffelchen und Zuckerbeuteln für den nächsten Ansturm vorbereitet,

Brotscheibchen geschnitten, *tortillas* geachtelt. Ein Barmann ist aufmerksam wie ein Psychologe, verschwiegen wie ein Beichtvater, kunstfertig wie ein Artist und kompetent wie ein Arzt. Deswegen heißt ein gesunder Kräutertee folgerichtig *infusíon*. Bei drohender Erkältung hilft eine Chininlimonade, bei Magenbeschwerden verordnet der Barmann zuweilen einen knallroten »Bitterkas«.

Irgendwann wird es ruhiger, der Strom der berufstätigen Frühstücksgäste hat sich zum vormittäglichen Intermezzo am Schreibtisch verzogen. Längst ist der Marmorboden mit Olivenkernen, zerknüllten Papierservietten, Kippen und Krümeln übersät. Das ist normal so. In der Bar darf man ungezwungen alles auf den Boden fallen lassen. Ab und zu wird durchgefegt und einmal täglich geschrubbt, als gälte es einen Operationssaal zu desinfizieren. Die Übergänge zwischen Bar, Café und Restaurant sind übrigens fließend. Manche Bar hat einen *comedor* genannten ruhigeren Speiseraum, in dem ein Tagesmenu angeboten wird.

Gegen Mittag wird es wieder voll. Der große Chor des Stimmengewirrs hebt erneut an. Aperitifs werden im Akkord ausgegeben. Kleine Häppchen, *tapas* genannt, werden gegabelt. Sauer eingelegte Fischlein etwa, Oktopus, Fleischklößchen und russischer Salat. Man ißt und trinkt, raucht und quasselt durcheinander. Spanier sind oralfixiert und außerdem lärmsüchtig; in der Bar kann beides behandelt werden.

Gegen Abend werden die *Tapas*-Schalen mit frischen Köstlichkeiten gefüllt. Die Büroangestellten nehmen eine *copita,* ein Gläschen Wein oder Sherry, nach der Arbeit, Mütter mit Kinderwagen vergleichen das Gedeihen der Sprößlinge bei einem Bierchen.

Spät abends kommt das Finale furíoso. Drangvolle Enge im Schankraum. Zum Tresen muß man sich nun vorkämpfen. Die meisten Gäste bleiben nur auf einen Drink und ziehen weiter zum nächsten Lokal um die Ecke. Der »Absacker« heißt stets *penúltima copita,* vorletztes Glas. Schließlich weiß man nie, ob man auf dem Heimweg nicht einen Freund trifft, mit dem es einen zu trinken gilt. Oder was die Nacht sonst noch so bringt.

Vom rauhen Brotland zum milden Weinland

Der kastilisch-leonesische Teil der Ruta de la Plata

Kastilien, das ist das Land der Steine. Steinige Erde, der die Ernte abgerungen wird. Steine, zu Kastellen aufgetürmt, die sich auf felsigen Anhöhen als Trutzburgen erheben und über die weit gedehnte Landschaft wachen. Gut achthundert Kilometer zieht sich die Ruta de la Plata, die N 630, als vertikale Achse durch Spaniens Westen, verbindet so unterschiedliche Städte wie Gijón und Sevilla, verknüpft Norden und Süden als stetiger Strom von Fahrzeugen und durchquert dabei auch das steinige Kastilien. Via 24 hieß die Traverse bei den Römern, die als Wehr- und Handelsstraße diente. Doch obschon im Norden tatsächlich zu jener Zeit Mineralien, Silber und sogar Gold ausgebeutet wurden, diente die Achse wohl mehr dem Transport von Getreide und anderen landwirtschaftlichen Gütern. Daher ist auch die wohlklingende Namensgebung »Silberstraße« vermutlich eine Phantasiebenennung, wahrscheinlicher ist eine Ableitung vom lateinischen »Platea«, was eine öffentliche Straße meint, dem griechischen »Platys«, das etwas Breites bedeutet, oder auch dem arabischen »Balath«, einem Hauptweg also.

Der kastilisch-leonesische Teil der historischen Fernstraße beginnt, wenn man von Asturien kommt, spektakulär: Die Straße teilt sich am Paß, dem Puerto de Pajares, und wer sich für die Autobahn mit ihrer happigen Gebühr entscheidet, der erlebt jenen perfekt inszenierten Rausch des Fahrens, den man nur von den Werbespots der Automobilindustrie kennt. Die fast leere Piste windet sich mit makellos seidenglatter Decke durch die imposante Landschaft einer Hochebene. Weit läuft der Blick über die wellige Steppe mit einzelnen dekorativen Findlingen. Filigrane Brückenkonstruktionen spiegeln das Sonnenlicht, silbern blinkende Gebirgsseen blenden das Auge. Kein Haus ist zu sehen, kein Zeichen von Zivilisation, allein das schwarze Band der Straße ist Menschenwerk.

León liegt voraus. Die Stadt mit dem kraftstrotzend klingenden Namen hat zwar einen Löwen als Wappentier, ihr Name jedoch ist schlicht die Verkürzung von »Legion« – der VII. römischen Legion, um genau zu sein, die hier einst stationiert war. Ihre Glanzzeit hatte die Stadt vom 10. bis zum 12. Jahrhundert als Hauptstadt des gleichnamigen Königreichs, das vom Atlantik bis zur Rhône reichte.

Alle Wege in León führen zur Kathedrale, wo die Ruta de la Plata und der Jakobsweg nach Santiago de Compostela sich kreuzen. In der Calle Generalísimo Franco, die tatsächlich noch immer so heißt, sind alle paar Schritte glänzende Markierungen ins Pflaster geschlagen: Pilgermuscheln aus Messing, blank gehalten von den Schritten der Passanten. Folgt man ihnen, steht man bald vor der Kirche.

Man staunt, welche Leuchtkraft die zartgelbe, frisch restaurierte Sandsteinfassade in der spätnachmittäglichen Sonne entwickelt. Dann bleibt der Blick an der Uhr haften. Auf leuchtend türkisfarbenem, sternenübersätem Zifferblatt pusten die vier Winde als dickbackige Bengel gegen die Zeiger, die Sonne und Mond tragen. Die drei Portale des Portikus an der Westfassade sind reich mit Figuren geschmückt. Das Tympanon des Mittelportals zeigt das Jüngste Gericht: Christus als Weltenrichter, den Engel mit der Gerechtigkeitswaage, der die Verdammten auf die eine, die Frommen auf die andere Seite weist. Scheusale mit gräßlichen Fratzen zermalmen die Gottlosen, Teufelsfiguren werfen arme Sünder in brodelnde Kessel. Es ist ein furíoser religionspädagogischer Auftakt, mittelalterlich strenge Zucht des leseunkundigen Volks. Doch innen kommt es ganz anders. Sind die schweren Türen aufgestemmt, erwartet den Besucher der Rausch eines polychromen Wunders.

Bis zu zwölf Meter hohe Glasfenster lassen kaleidoskopartige Farbspiele funkeln, bei wechselndem Himmel einmal zarte Koloration, dann wieder grelles Technicolor. Eine Endlosschleife jubelnder Barockfanfaren untermalt den Augenblick der Überwältigung. In dieser Kirche hat die Gotik nichts Monumentales. Die Steine, Quader, Mauern, Strebebögen, Pfeiler sind nichts als der filigrane Rahmen für dieses grellbunte, überschäumende Gotteslob. In etwa vierzig Jahren, Rekordzeit für eine Hauptkirche, wurde die frühgotische Kathedrale erbaut, die Elemente französischer Vorbilder in Reims, Poitiers und Chartres vereint. Keine gigantische Kirche, ein wunderbar stilreines architektonisches Kleinod jedoch. Würde das immergleiche Jubellied vom Band nicht allmählich an den Nerven zerren, man wollte dieses Wunder aus Licht und Farbe am liebsten nicht mehr verlassen.

Draußen betteln Zigeunerinnen, es braust der Verkehr. In den angrenzenden Bars fauchen die Espressomaschinen, schwirren die Stimmen derer, die eine *copita* nach der Arbeit nehmen. Die angrenzende Altstadt wirkt dagegen wie die Kulisse für einen Historienfilm: die Plaza del Mercado trägt die Patina von Jahrhunderten zur Schau. Neben winzigen Gemischtwarenläden stellen Läden ihren bunten Ramsch aus, und in pittoresken Schenken tönt das elektronische Gedudel, mit dem die einarmigen Banditen zum Spielen animieren.

Das »Hotel Paris« nahe der Kathedrale, in dem man zu den fettglänzenden *churros* noch eine Schokolade erhält, in der tatsächlich der Löffel stecken bleibt, hat schon bessere Tage gesehen. Unter trägen Deckenventilatoren aus einer anderen Epoche versammeln sich hier die Pensionäre der Stadt, um Zeitung zu lesen oder Domino und Karten zu spielen. Jetzt wird die einst schmucke, vom Zahn der Zeit schwarz gegerbte Fassade restauriert – und bald in neuem Glanz vielleicht ein ganz anderes Publikum anziehen.

Wer es sich leisten kann, quartiert sich im Kloster San Marcos am Ufer des Río Bernesga ein. Das ehemalige Pilgerhospital, ein Renaissancebau mit repräsentativer Fassade, beherbergt heute einen *Parador*, der zu den luxuriösesten Hotels Spaniens zählt. Noch immer wacht Santiago als Maurentöter unbeeindruckt über dem Hauptportal, und ebenso unbeeindruckt von den Fünf-Sterne-Zuschauern spielen die alten Männer am Flußufer ihr schwer durchschaubares Turnier mit hölzernen Halbkugeln und Kegeln.

Das dritte kunsthistorische Schaustück der Stadt ist San Isidoro mit dem romanischen Panteón de los Reyes, der mit prachtvollen Fresken geschmückten Grablege der Könige von Kastilien und León. Die reich dekorierte Königsgruft trägt den Beinamen »sixtinische Kapelle der Romanik«. In begrenzter Farbpalette von Rostrot, Kobaltblau, Chromgelb, Ocker, Grau und Schwarz sind biblische Szenen ebenso abgebildet wir eine Art landwirtschaftlicher Kalender mit den von Monat zu Monat wechselnden bäuerlichen Tätigkeiten. Die Gurtbögen und Säulenkapitelle sind mit floralen und geometrischen Motiven dekoriert, die an byzantinische Vorbilder erinnern. Über allem wacht auch hier der Pantokrator in einer wellenförmig eingefaßten Mandorla. Das Gewölbe ist niedrig, den Kopf weit in den Nacken gelegt, bewundert man die suggestive Ausgestaltung in ihren satten Farben. Noch Stunden später schmerzt einen das Genick von der ergreifenden Kunstbetrachtung.

Nach León macht die Ruta de la Plata einen Knick und führt in westlicher Richtung – identisch mit dem Jakobspilgerweg – nach Astorga, wo die Römer einst Gold schürften und so nachdrücklich in die Landschaft eingriffen, daß noch heute die Schründe des Tagebaus zu erkennen sind. In der Stadt finden sich römische Mosaiken und Mauerreste. Vor der uralten Apotheke unter den Laubengängen der Plaza Mayor verpflastern zwei Pilger die wundgelaufenen Füße. Astorgas auffälligstes Bauwerk ist der Bischofspalast von Antonio Gaudí, in dem jedoch nie ein geistiger Würdenträger residierte. Die Mischung aus Reminiszenzen an die Gotik und Allegorien auf Burganlagen, wie man sie aus den Entwürfen Disneys kennt, verblüfft mit Glasfenstern grellster Farbgebung und beherbergt heute ein Museum, das sich unter anderem der Geschichte des Jakobswegs zum Apostelgrab in Santiago de Compostela widmet.

Der Weg wendet sich wieder in südöstliche Richtung. Er überquert die N 630 für einen Abstecher nach Valencia de Don Juan, wo sich die Reste der Burg wie eine steilwandige steinerne Chimäre aus dem kargen Hochland drücken. Endlos dehnen sich die Getreidefelder der Meseta unter dem blaßblauen Himmel. Einzelne Steineichen und die lang geschwungenen Linien der Stromleitungen und Masten geben der Landschaft Kontur. Kaum mehr als eine Stunde dauert die Fahrt auf der N 630 nach Zamora. Auch hier trifft der vertikale Weg auf eine Horizontallinie.

Der Fluß Duero ist die Grenze zwischen der Tierra del Pan, dem nördlichen Brotland der rauhen Meseta, und der Tierra del Vino, dem Weinland, dem milderen Süden Kastiliens.

Zamoras gesamte Altstadt mit ihren Gassen aus dem 12. und 13. Jahrhundert, den schlichten romanischen Kirchen und noblen Renaissancebauten ist unter Denkmalschutz gestellt. Schon Heinrich IV. freilich lobte das Städtchen als »sehr edel und sehr treu«. In der Kirche Santiago de los Caballeros soll El Cid zum Ritter geschlagen worden sein. Im Park vor der Kathedrale mit dem orientalisch anmutenden Schuppendach posiert ein Brautpaar für den Fotografen. Auf der Plaza Mayor gibt es frische Erdmandelmilch. Eine Wanderbühne führt vor stolzen kleinen Spaniern ein Theater auf, das die Erwachsenen nicht minder ergötzt. Vom Kirchplatz von San Cipriano ist ein Storchennest zu sehen, in dem noch die Flaumfedern der Jungen im Stroh hängen. Auf jedem Turm, jedem First finden sich verlassene Nester. Die Vögel sind längst aufgebrochen in wärmere Gefilde.

Es geht weiter nach Süden, ein Katzensprung ist es nach Salamanca, das wir zunächst umfahren, um uns von Süden, von der alten Römerbrücke aus, der gebotenen, einzig wahren Perspektive, der legendären Stadt zu nähern. Das sanfte späte Sonnenlicht macht aus der Stadt am Río Tormes ein Impressionistengemälde, im Perlmuttschillern des Flüßchens spiegelt sich die Goldene in verdoppeltem Glanz. Die gesamte Altstadt ist aus leuchtend gelbem Sandstein gefügt. Die riesige trapezförmige Plaza Mayor mit ihren Arkaden gilt als der schönste Hauptplatz Spaniens. Er ist der öffentliche Salon der Stadt. Hier nimmt man ein Glas Wein, wenn die Sonne nicht mehr sticht, kauft man in alteingesessenen Läden mit stilvollem Interieur ein, flaniert man beim abendlichen *paseo*. Auch für Reisende ist der Platz ein Genuß. Unter den Arkaden kann man sich im Schatten vom Pflastertreten erholen, den Tauben und dem Strom der Passanten zusehen.

Salamanca hat gleich zwei Kathedralen, die auf unkonventionelle Weise miteinander verschachtelt sind. Von der Romanik bis zum Spätbarock reicht die kunstgeschichtliche Bandbreite des Zwillingsbaus. Salamanca, das ist vor allem die altehrwürdige Universität, in der man das Inventar jahrhundertealter Vorlesungssäle begutachten kann. Die härtesten und schmalsten Bänke waren den Theologen zugedacht – angehende Juristen durften dagegen schon auf gepolsterten Lehnstühlen sitzen. Knapp zweihundert Jahre nach der Gründung im Jahr 1218 durch Alfons IX. entstand das repräsentative Hauptgebäude mit einem Medaillon der königlichen Gönner Isabella und Fernando. Die in plateresker Ornamentik überbordende Hauptfassade entzweite Generationen von Kunstkritikern.

Im 16. Jahrhundert vereinte Salamanca die damals enorme Zahl von mehr als siebentausend Studenten. Namhafte Gelehrte gingen aus der Universität hervor, in der die Studenten den

Rektor ebenso wählten, wie sie über die Berufung von Dozenten entschieden.

In ihrer Blütezeit verstand sich die Universität als Mittlerin zwischen den Kulturen. Arabische Wissenschaften und griechische Philosophie wurden hier mit der Dogmatik des Christentums wohlwollend abgewägt. Keine zweihundert Jahre währte der Traum: Die endgültige Vertreibung der Mauren aus Spanien, der Terror der Inquisition gegen Studenten und Lehrende sowie die Gründung neuer konservativer Lehranstalten und Jesuitenkollegien ließen die Studentenzahlen auf ein Fünftel herabsinken. Heute sind fast vierzigtausend Studenten eingeschrieben, zahlreiche Ausländer kommen für ein oder zwei Semester, um am legendären Ort des einstigen »Estudio General« zu hören.

Die Straße steigt an, die weite Landschaft faltet sich, drängt sich zusammen zur Sierra de Gredos. Noch einmal weichen wir ein paar Kilometer vom Weg ab, machen eine Stippvisite in Alba de Tormes, heute ein Provinznest, das im 16. Jahrhundert achtzehn Kirchen aufwies, von denen lediglich vier noch erhalten sind. Fünfmal mehr Einwohner zählte die Stadt damals, als die Herzöge von Alba ein geistiges und politisches Zentrum unterhielten, das weithin in Europa berühmt war. 1582 starb hier Teresa von Ávila in einem von ihr gegründeten Karmeliterinnenkloster. An die Herzöge von Alba erinnert heute nur noch ein düster dräuender Turm ihrer Feste und ein Brandy der besseren Sorte.

Béjar, dessen Herzögen Cervantes einst seinen Don Quijote widmete, türmt sich anmutig auf einem Hügel. Es ist der letzte Ort des kastilisch-leonesischen Teils der Ruta de la Plata. Die Piste windet sich nun mit Gefälle der Extremadura entgegen. Ab und zu, mitten in der Sierra de Gredos etwa oder im eben schon extremenischen Montemayor, finden sich noch Reste der zweitausend Jahre alten Römerstraße. Hinter der nächsten Kuppe verliert sich der Weg, das starke Licht läßt ferne sevillanische Heiterkeit ahnen und weckt vage Sehnsucht nach südlicher Wärme.

Das steinerne Schiff

Ein Spaziergang durch Segovia ist eine Zeitreise durch die Epochen

Geht mit Gott – »vaya con dios« –, verabschiedet uns der beleibte Mönch an der Pforte des Monasterio del Parral. Im kleinen Vorhof plätschert der Regen. Das grün schillernde Bassin, das Murmeln des Wasserspeiers, die Rundbogen über den zierlichen Säulen und der Blick auf Zypressen lassen eher an einen maurischen Landsitz als an ein Kloster denken. Wie so oft in Spanien mischen sich die Eindrücke zu einem verblüffenden Amalgam, glaubt man sich zuweilen in einer Zeitmaschine quer durch die Epochen. Längst war Kastilien von der Reconquista zurückerobert, als dieses Ordenshaus, in dem heute Hieronymiten leben, erbaut wurde. Von der idyllischen Vorhalle geht der Blick hinüber zum Alcázar, der sich über einer Gabelung der Flüßchen Eresma und Clamores erhebt. Die mächtige Burg trägt in ihrer Bezeichnung die Erinnerung an arabische Einflüsse, da einst die Mauren – vermutlich an genau derselben Stelle – eine Befestigung errichtet hatten.

Manche vergleichen Segovia mit einem durch die kastilische Hochebene dahintreibenden steinernen Nachen, dessen Bug die auf dem Felsenausguck thronende fotogene Wehranlage bildet. Schon die Keltiberer siedelten hier. Zur Römerzeit soll in Segovia bereits ein Kastell gestanden haben. Die heute zu bewundernde Burg, geradezu ein Wahrzeichen Spaniens und gern auf den Titelseiten von Reiseführern abgelichtet, wirkt irgendwie unecht, wie aus Disneyland. Erst nach einem Augenblick des Nachdenkens merkt man warum: Sie sieht einfach zu strahlend, zu perfekt erhalten aus. Was sich hier so imposant mit Zinnen und Türmchen erhebt, ist zum allergrößten Teil eine nur gut hundert Jahre alte Rekonstruktion einer Wehrburg, die auf das 11. Jahrhundert zurückgeht. In den ursprünglichen Mauern wurde Isabella die Katholische zur Königin ausgerufen und der Ehevertrag mit Ferdinand von Aragón aufgesetzt, der durch diese Verbindung zweier Reiche auf der iberischen Halbinsel eine Großmacht entstehen ließ. Hier proklamierte Philipp III. die endgültige Vertreibung der Mauren aus ganz Spanien und leitete damit einen wirtschaftlichen Niedergang ein, von dem sich das Land lange nicht erholte.

Auch in Segovia hatten die Morisken, christianisierte Araber, jahrhundertelang eine hochqualifizierte Tuchproduktion in Gang gehalten und so der Stadt Reichtum und Ansehen beschert. Aus diesen glanzvollen Tagen des 12. und 13. Jahrhunderts stammen die fast zwanzig romanischen Kirchen der Stadt, eine Sammlung von kunsthistorischen Kleinodien, die nicht zuletzt den Ausschlag dafür gaben, daß Segovia 1985 von der Unesco zum Weltkulturerbe erklärt wurde. Eine große Ehre natürlich, meint der Bürgermeister, die aber keine Zuschüsse zur

Erhaltung der vielen Kostbarkeiten beinhalte. Dennoch müht man sich nach Kräften um die Erhaltung der Altstadt – keine leichte Aufgabe angesichts der Fülle an Baudenkmälern, die aufwendige Restaurierungen notwendig machen. Das Stadtoberhaupt jedenfalls residiert in dem perfekt renovierten Torreón de Lozoya aus dem 16. Jahrhundert, der an toskanische Wohntürme erinnert. Gleich daneben liegt die Kirche San Martín mit einer über drei Seiten gezogenen romanischen Vorhalle mit reich dekorierten Säulenkapitellen, wo sich einst die Stadtoberen zur Beratung versammelt haben sollen. Auch hier ist der arabische Einfluß zu spüren, der sich mit der schlichten Schönheit der Romanik legiert. Das Interesse der vorbeieilenden Passanten gilt dagegen eher ganz normalen Alltagsdingen: Besorgungen, Einkäufen, Erledigungen. Die Calle Juan Bravo ist Flaniermeile und Hauptgeschäftsstraße in einem. Ultramoderne Boutiquen protzen mit Glas und Chrom, gleich daneben finden sich verstaubte Jugendstillädchen mit reichhaltigem Kurzwarensortiment.

Segovia ist kein Freilichtmuseum quer durch die Jahrhunderte, es ist vor allem eine ganz normale mittelgroße Stadt, die freilich rund vierzig bedeutende Bauwerke aufweist. Kein Wunder daher, daß nicht etwa Künstler wie die Schriftsteller Antonio Machado oder der Maler Ignacio Zuloaga, die einst in diesen Mauern lebten, der größte Stolz der Stadt sind, sondern weit mehr der Radrennfahrer Pedro Delgado Robledo, dessen Karriere als Fahrradbote der örtlichen Provinzzeitung begonnen hatte. Immerhin gewann der flotte Flitzer einmal sogar die Tour de France. Nicht triumphal, sondern tragisch endete dagegen das Leben von Juan Bravo, dem wohl bedeutendsten Sohn der Stadt, der 1520/21 eine Erhebung gegen Karl V. angeführt hatte. Der in Flandern aufgewachsene junge habsburgische Regent war im iberischen Teil seines Riesenreiches selten präsent, besetzte Schlüsselpositionen mit ihm vertrauten »Ausländern« und forderte hohe Steuern für die kriegerische Erweiterung seines Imperiums. Die bürgerlichen Vertreter der kastilischen Städte waren derlei Ausplünderung und Bevormundung leid. In Segovia begann der Aufstand der *comuneros*. Schnell sprang der revolutionäre Funke auf andere kastilische Städte wie Ávila, Madrid und Toledo über. Doch in der Schlacht von Villalar wurden die Aufständischen schließlich vernichtend geschlagen. Juan Bravo wurde mit den anderen Anführern hingerichtet.

Nicht nur die Kirchen, sondern auch Segovias Profanbauten sind bemerkenswert. Zahlreiche Stadtpaläste aus der Renaissance beeindrucken durch ihren aufwendigen Schmuck. Beim Spaziergang durch die Gassen lohnt es sich daher, den Blick zu heben, denn die hiesigen Fassaden warten mit einer Spezialität auf. Wie aus Salzteig geformte Ornamente wirken die sogenannten *sgraffiti*, die sich auf jedem Haus in anderen Mustern zeigen. Seit vierhundert Jahren ist diese maurisch inspirierte Wanddekoration en vogue.

Vom Platz neben dem Alcázar geht der Blick hinüber ins Tal des Eresma und auf die sanft geschwungenen ockerfarbigen Landschaftswellen dahinter. Dörflich beschaulich wirken die Häuser an der Calle de San Marcos, von der aus ein Weg abzweigt zum Kloster der unbeschuhten Karmeliterinnen und der Kirche Vera Cruz. Fast achthundert Jahre ist das von den Templern errichtete zwölfeckige Gotteshaus mit der zweistöckigen Mittelkapelle alt. Mystikern und Esoterikern dient die Kirche als »Energietankstelle«. Stellt man sich genau unter die Überkreuzung der Strebebögen und spricht dort etwas, so schwingt das Zwerchfell wie ein Resonanzboden. Wer hier meditiere, lade sich mit neuer Kraft auf, heißt es. Vorsorglich stellen auch wir uns auf den markierten Punkt und gehen mit geschlossenen Augen in uns. Als wir die Kirche verlassen, hält die andächtige Stimmung nicht lange vor. Drei junge Mädchen ganz in Schwarz kommen uns entgegen, von fern wie Gestalten aus einem historischen Film, erst aus der Nähe sind die modischen Details der Gegenwart erkennbar. Ein Auto braust vorbei, die *caballeros* der vielen Pferdestärken versuchen mit allerlei Gejohle die Aufmerksamkeit der *señoritas* auf sich zu ziehen. Diese aber erweisen sich als wenig huldvoll, zeigen ausführlich und dreifach synchron den Stinkefinger, bevor sie mit gefalteten Händen die Kirche betreten.

Wenn es Nacht wird in Segovia, wirkt der grell angestrahlte Alcázar wie eine Bühnendekoration. Tatsächlich diente er bereits mehrmals

als Filmkulisse, und auch die Kids aus der Umgebung scheinen das Ambiente für den abendlichen Treff zu schätzen. Auf der davor liegenden Plaza de la Reina Victoria Eugenia fahren allerlei Vehikel vor, aus voll aufgedrehten Rekordern dröhnt Technomusik, von Windstößen in Fetzen von Klang und Lärm zerrissen, die nachhallen, wenn man durch die Gassen Richtung Kathedrale schlendert. Der grelle Rhythmus verscheucht die aufkommende träumerische Stimmung, und das ist auch besser so. Es kann vorkommen, daß man sich in den schmalen Sträßchen regelrecht an eine Hauswand drücken muß, wenn ein Auto wie auf der Flucht über Kopfsteine prescht. Bürgersteige gibt es nicht, Fußgänger sind noch immer Freiwild auf Segovias Altstadtgassen. An einer verkehrsberuhigten Innenstadt wird gearbeitet; es gibt bereits eine Reihe von Einschränkungen. Vor zwei Jahren noch führten allein fünf Straßen unter dem römischen Aquädukt hindurch, kreuz und quer über die Plaza del Azoguejo. Nun herrscht Ruhe unter den Granitquadern, die ohne Mörtel zu zehn Dutzend Bögen von sieben bis dreißig Metern Höhe gefügt sind. Bis 1974 wurde so das frische Gebirgswasser des Río Acebeda, das schon den römischen Legionären am Schnittpunkt zweier Heerstraßen zur Versorgung gedient hatte, in die Stadt geleitet. Gleich unterhalb des gewaltigen, über siebenhundert Meter langen Aquädukts, findet sich in einem Fachwerkbau das urige Gasthaus »Candido«.

Wie eine Glucke, die schützend über dem

Häusermeer thront, wirkt die Kathedrale aus der Ferne. Es ist die letzte gotische Hauptkirche Spaniens. Manche sagen, ihr Turm sei der Mast jenes aus Fels gebildeten Nachens, als der die Stadt zuweilen erscheine, ein Trugbild in flirrenden Hitzesommern. Frisch restauriert leuchtet der Sandstein der Kirche in einem warmen Goldgelb. Man stemmt die gewaltige Holztür auf, vor der die Verkäufer bunt bebilderter Traktate schon Posten bezogen haben, setzt sacht die Schritte im steinernen Riesenraum und begutachtet die Beweinungsszene eines burgundischen Meisters. Friedvoll, windstill und sonnenwarm zeigt sich der Innenhof mit dem Kreuzgang, dessen flamboyante Maßwerkbögen mit Nylonschnüren verspannt sind, damit die sorgsam sanierte Pracht nicht mehr von den Tauben bekleckert werden kann. Tief fällt das Steinchen in den Brunnenschacht, bis sich ein sattes Glucksen hören läßt, vom Echo verstärkt, das auch die in die Tiefe geflüsterten Worte der eigenen Stimme verfremdet. An den Rosensträuchern zeigen sich schwellend die ersten Knospen. Im Museum der Kirche finden sich diverse Pergamente mit königlichen Privilegien, eine Papstbulle, ein arabisches Säulenkapitell aus dem 10. Jahrhundert mit einer Lobpreisung Gottes und das erste gedruckte Buch Spaniens.

Frühmorgens ist es noch still auf der Plaza Mayor. Vor der Bar »La Concepción«, wo die örtliche Schickeria des Abends den Aperitif nimmt und unbekanntes Publikum mit Blicken zu mustern versteht, die Stolz und Hochmut spanischer Granden noch in den Schatten stellen, schrubbt jemand mit chlorigem Jawelwasser das Pflaster. Ein Polizist dreht eine gemächliche erste Runde um den Musikpavillon, zwei Nonnen flattern vom Aprilwind gebeutelt vorbei. Einer nach dem anderen öffnen die Andenkenläden. Neben den üblichen Souvenirs wie Tellern mit Stadtsilhouette in Goldauflage und ins kastilische Hochland verirrten Flamencopuppen, lassen sich hier allerlei Kopien mittelalterlicher Waffen wie Armbrust und Morgenstern erstehen, als könne noch heute jederzeit ein Kampf entbrennen. Beim Abschied blicken wir von der Terrasse des *Paradors* auf dem gegenüberliegenden Hügel noch einmal auf die Stadt im magischen ersten Licht des Tages. Kein Zweifel, wie eine Arche treibt Segovia vor einem rosenroten Himmel zwischen den karstigen Wellen des Hochlands durch die Zeit.

Fleischeslust unterm Aquädukt

Völlerei in Segovia

»Ratgeber in Kochkünsten der Gruppe der Bratenwender«, »Meister am Bratspieß«, »Gastwirt höchster Auszeichnung Kastiliens«, »diplomiertes Mitglied Spanischer Kultur«, »Edelmann des Ordens Isabella die Katholische« – dies sind nur einige der sage und schreibe 27 blumig tönenden Auszeichnungen, Orden und Ehrentitel, die der alte Meister zuletzt im Namen führte. Durch alle fünf Kontinente ist er gereist, um den Köchen in die Töpfe zu schauen. Klar, daß er mit »La Cocina Española« auch ein Standardwerk über die gehaltvolle iberische Küche hinterlassen hat. Seit seinem Tod wird das Haus von Sohn und Enkel in alter Tradition weitergeführt. Direkt neben dem riesigen römischen Aquädukt von Segovia findet sich das legendäre »Mesón de Cándido«, das sich qua königlichem Privileg das erste Haus Kastiliens nennen darf und seinem Ruhm beharrlich gerecht wird. Seit fast 120 Jahren werden in dem denkmalgeschützten, rund zweieinhalb Jahrhunderte alten pittoresken Bau mit seinem ausgeziegelten Fachwerk die Gäste verköstigt.

Das karge Hochland Kastiliens, windumtoste Einöde im Winter, glühende Bratpfanne im Sommer, ist das Land wahrer und eingebildeter Ritter, endloser Entbehrungen, harter Kämpfe und ganzer Kerle. Hier müssen ausgezehrte Edle seit eh und je kräftig und opulent verpflegt werden, auch wenn längst die Pferdestärken unter die Motorhaube gekommen sind, und weiß Gott auch weniger Nahrhaftes für die Ritter aus Amtsstuben und Geschäftsleben ausreichend wäre. Klangvoll kommen die Namen der Speisesäle daher: Das Eßzimmer von Theodosio dem Großen, das von Heinrich IV. und Karl V., dazu der Saal der Botschafter und der des Grafen Álvaro de Luna. In acht Stuben wird aufgetischt, unter deren schweren Holzbalkendecken die Interieurs operettenhaft nach Ritters- und Ratsherrenart gestaltet sind. Wir sitzen ganz oben im Turmzimmer mit Blick auf das Aquädukt und die Plaza del Azoguejo, entziffern die handgestickten Sinnsprüche auf der Tischdecke und staunen ob der empfohlenen Speisenfolge: Roher Schinken, Wurst und Oliven zum ersten Schluck kräftigen Landweins, alsbald eine knoblauchduftende dicke Bauernsuppe mit Speck, Röstbrot und Ei als Einlage, danach geschmorte Pilze und zart gebratenes Kalbsbries. Nun könnte man eigentlich die Mahlzeit als beendet und sich selbst als höchst befriedigt und hinreichend satt erklären, aber das sieht man in Spanien ganz anders, wo in alter Tradition gern unmäßig viel und unmäßig spät gegessen wird, jedenfalls nicht vor halb zehn Uhr abends. Jetzt erst kommt man vielmehr zum Eigentlichen: Auf einem Servierwagen wird ein knuspriges Spanferkel hereingerollt – Schnäuzchen, Füßchen und Ringelschwanz, alles dran. Fast sieht es aus, als schlafe es friedlich und sonnengebräunt auf der Servierplatte. Ein wahrer Augenschmaus. Der Chef des Hauses erscheint nun in dunklem Tuch mit Schärpe und Orden, grüßt distinguiert und nimmt einen einfachen Steingutteller zur Hand. Einem Karatekämpfer gleich attackiert er nun mit dem Teller das knusprige Ferkelchen, das nach wenigen entschiedenen Hieben ohne Einsatz eines Messers Schneide in ordentliche Portionen zerteilt ist. Gelernt ist gelernt, lächelt der Meister und erkundigt sich, wer die Öhrchen zu verspeisen wünsche. Beeindruckt von der grandiosen Ferkelspalterei kosten wir vom duftenden Braten. Höchste Perfektion, unbeschreibliche Verführung, wollüstige Fleischeslust, melden Gaumen und Zunge. Im Magen rücken die Vorspeisen ein wenig zur Seite, damit die Köstlichkeit noch ein Plätzchen findet. Auch Kaffee, Brandy und die exzellente hausgemachte Torte kriegen wir noch rein, werden mit Handschlag verabschiedet und bis auf die Straße geleitet. Trotz des vollen Bauches schlafen wir tief und selig. Der überreichte deutschsprachige Prospekt über das königlich gute Gasthaus erfreut uns noch heute mit seinen fulminanten Sprachschöpfungen.

Soria – Stadt der Romanik und Romantik

Auf den Spuren der 98er und anderer Dichter im kastilischen Hochland

> *»Dort, in dem Hochland droben, wo der Duero um Soria seinen Armbrustbogen zieht, zwischen bleiernen Hügeln und Flekken schäbiger Steineichenhaine, schweift mein Herz umher, im Traum ...«*
>
> ANTONIO MACHADO

Wie eine arabeske Schönschrift wirken die verschlungenen Spitzbögen des Kreuzgangs in der Klosterruine von San Juan de Duero. Darüber spannt sich ein blankblauer Herbsthimmel, der die Schleier des hochsommerlichen Hitzeglasts abgeworfen hat. Vor fast tausend Jahren hat der Templerorden der Ritter des heiligen Johannes vom Spital zu Jerusalem, dem Beschützer der Wanderer und Pilger, dieses Wunderwerk eines Ornaments fügen lassen, das wie eine perfekte Synthese islamischer und christlich-romanischer Kunst wirkt. Ein Hund döst im windstillen Winkel in der Sonne, ein junger Mann kassiert den bescheidenen Eintritt und führt durch die Kirche daneben, in der archäologische Fundstücke ausgestellt sind und Grabsteine mit hebräischen Lettern, aber kein Altar mehr zu finden ist. Links und rechts der hufeisenförmigen Apsis stehen zwei kleine quadratische Pavillons, einer mit einem spitzen Dach, der andere von einer Kuppel gekrönt, die an eine winzige Moschee denken läßt. Zu Vieren gebündelte Säulen tragen Kapitelle mit floralem Schmuck, phantastischen Tiergestalten und biblischen Szenen von ergreifendem Ausdruck. Draußen mäandert der Duero in frischer grünblauer Farbe durch die Flußauen. Von den Pappeln segeln in Zeitlupe die letzten goldgelben Blätter hinab. Alte Männer sitzen auf Bänken und lesen die *Voz de Soria*, die Stimme der Stadt, oder absolvieren mühselige Vormittagsspaziergänge, auf einen Stock gestützt. Ein kleines Mädchen stopft sich Kastanien in die Taschen eines Kattunkleidchens, das fast bis zum Boden reicht und vom Schnitt her aus dem vorigen Jahrhundert stammen könnte. Die Kneipe am Fluß trägt den lyrischen Namen »La Alegria del Puente«, die Freude der Brücke, und hat für immer die Tür verschlossen.

Wer nach Soria kommt, so erfährt man bei Cees Nooteboom, könne erleben, wie eine spanische Stadt vor zwanzig Jahren ausgesehen haben mag. Doch es ist schon eine Weile her, daß der Niederländer diese Zeilen verfaßt hat. Uns treibt die Zeitreise ohnehin viel weiter zurück. Die trockene Ulme vor Nuestra Señora del Espino, der Antonio Machado, der »Sänger Kastiliens«, zu Anfang dieses Jahrhundert eines seiner Gedichte gewidmet hat, steht noch immer. Doch längst treibt der vor langer Zeit vom Blitzstrahl zerrissene Baum nicht mehr die besungenen letzten Triebe. Der gewaltige Stamm, den zwei Männer nicht umfassen könnten, ist mit Ziegelsteinen und Beton gefüllt, um nicht zusammenzusinken. Das daran genagelte Poem ist kaum noch entzifferbar. Auf dem Friedhof daneben liegt Leonor, die nach nur drei Ehejahren neunzehnjährig verstorbene Frau des Dichters. Schilder weisen den Weg zum Marmorgrab mit der eingravierten Wehklage des Witwers über das Ende einer großen Liebe, die keine Zeit hatte, zu reifen oder sich zu verbrauchen. Hoch oben auf einem Hügel steht neben den Resten eines Castillos der *Parador*, der den Namen Machados trägt. Wenn man die Tür aufstößt, blickt einem der Dichter in überlebensgroßen Schwarzweißaufnahmen entgegen. Für einen Augenblick ist man verwirrt. »Das Auge, das du siehst, ist nicht ein Auge, weil du es siehst, sondern weil es dich sieht«, intonierte Machado einst, und man fragt sich, ob das auch für den in dieser Hotelhalle von allen Seiten auf den Gast geworfenen Blick des Autors gilt, der nurmehr ein Abbild auf dem aufgezogenen Papier der Bilder ist. Gegenüber, auf einem anderen Hügel, steht die Pension »Leonor«. Das Liebespaar von einst schmückt die Namen zweier Herbergen, die einander gegenüberstehen, die Stadt drunten in der Senke dazwischen, und den Reisenden ein Bett für die Nacht anbieten für ein paar Stunden Schlaf oder mehr, wenn man sich der Romantik in den Gedichten Machados ergeben will.

Soria ist eine merkwürdige Stadt. Über ihre Ursprünge ist kaum etwas bekannt. Alfonso el Batallador, König von Aragón, entriß sie den Mauren. Kurz danach ging die Stadt in kastilischen Besitz über und spielte keine wesentliche Rolle in der Geschichte Spaniens mehr. Soria: der Name klingt wie der einer orientalischen Prinzessin, doch der Ort hat nichts von der theatralischen Schönheit und Üppigkeit der ebenso klangvollen Orte im südlichen Spanien. Die Stadt liegt auf über tausend Metern und jenseits ihrer romanischen Baudenkmäler ist sie eher nüchtern. Der innere Kern mit den alten Gassen präsentiert sich in verschlafen-hinfälliger Gemütlichkeit. Auf der Plaza Mayor nehmen die Tauben ein Bad im sprudelnden Löwenbrunnen, Hausfrauen holen in verstaubten Lädchen Lebensmittel ein, ein paar alte Männer studieren die Todesanzeigen, die an der Tür einer Kirche angeschlagen sind. Doch der unspektakuläre Ort ist eine Kapitale, die Hauptstadt der gleichnamigen Provinz; vielleicht einfach deshalb, weil sie sich an der richtigen Stelle dieses Teils der steinigen kastilischen Einöde erhebt und auch sonst weit und breit kein Ort von Bedeutung zu finden ist. Der Duero, der die Stadt in anmutigem Bogen umschlingt, ist hier noch jung. Nicht weit entfernt entspringt er hinter der Laguna Negra im Hochgebirge der Sierra de Urbión zwischen steilen Felsschründen. Doch für die dünne blaue Ader, als die er auf den Karten eingezeichnet ist, ist er nach der Trockenheit des Sommers ein erstaunlich wasserreicher Fluß. Lange war der Duero die Grenze zwischen maurischem und christlichem Spanien, sein Wasserlauf gilt als Scheide zwischen dem »Brotland«, den riesigen Kornfeldern des

Nordens, und dem südlicheren »Weinland« mit seinen Reben und Oliven.

Hier in Soria lebten bedeutende Schriftsteller wie Gustavo Alfonso Bécquer und Miguel de Unamuno. Hier läßt sich zu Anfang dieses Jahrhunderts der Dichter Machado als Französischlehrer am Gymnasium nieder. Wie auch Pío Baroja, Unamuno und der als Azorín bekannt gewordene Martínez Ruiz gehört Machado zu den großen Köpfen der sogenannten 98er der spanischen Literatur. Das Jahr 1898 steht für einen Wendepunkt in Geschichte und Geistesleben des Landes. Spanien, das sich ein Vierteljahrhundert lang in der Behäbigkeit eines verspäteten Biedermeiers eingerichtet hatte und jenseits der Pyrenäen in einer Art Dornröschenschlaf selbstzufrieden vor sich hin dämmerte, büßt im Laufe weniger Sommermonate seine großen und wichtigen Vorposten im Westen ein. Im spanisch-amerikanischen Krieg verliert es Kuba, Puerto Rico und die Philippinen und hat danach nur noch unbedeutende Besitztümer in Nordafrika. Mit dem Verlust der Kolonien und damit dem Versiegen des stetigen Stroms an Reichtümern aus Übersee wird das Selbstvertrauen der Nation nachhaltig erschüttert. In wenigen Wochen ist ein halbes Jahrtausend Erobergeschichte aus dem Erbe des Kolumbus und das althergebrachte Herrendasein dahin. Die gute alte Zeit, in der man laut Baroja in Madrid schon etwas werden konnte, wenn man aus besseren Kreisen kam, charmant auftrat und einen Fünfzeiler zu reimen verstand, ist unwiderruflich zu Ende. »Es kam das große Unglück. Wir verloren die letzten Filialen unseres Geschäfts. Zur Bitterkeit der Niederlage kam nun noch die Eiskruste der Untauglichkeit«, konstatiert Ramiro de Maeztu trocken. Joaquín Costa schimpft seine wie erstarrten Zeitgenossen »Narren, Esel und Feiglinge«. Zwar erschallen kurz vor der Katastrophe die pathetischen Mahnungen eines Emilio Castelar, zwar wird direkt danach intensiv zur Umkehr gerufen, doch die wichtigen Denker der Zeit können sich nicht zu politischem Handeln aufraffen. Man streitet leidenschaftlich über die Ursachen. »Wir haben keinen Mut«, so Costa. »Wir haben keinen Willen«, so Azorín. »Wir haben keine Güte«, so Benavente. »Wir haben kein Ideal«, so Baroja, und Maeztu bringt es auf den Nenner: »Wir halten und arbeiten nicht zusammen«. Stattdessen kommt es zu einem wortgewaltigen Manifest: »Die geistige Jugend hat die Pflicht, unter Absehen von allem übrigen, mit allen ihren Kräften zur Einleitung einer fruchtbaren sozialen Aktion beizutragen, die praktische Ergebnisse haben soll.« Doch von klangvollen Worten allein ändert sich nichts, und die geistige Jugend fühlt sich offenbar nicht angesprochen. Unamuno antwortet beziehungsreich: »In sich gehen, für sich denken und fühlen!« Statt zu spektakulären Aktionen kommt es zur Manifestation einer neuen Innerlichkeit, die mit träumerisch-romantischer Poetik und mythologischen Huldigungen einhergeht. Ein regelrechter »Teutonismus« erfaßt die spanische Intelligenz: Nietzsche und

Wagner sind sehr en vogue. Persönliche Schrullen werden sorgsam in Szene gesetzt: Azoríns roter Regenschirm und Monokel, Unamunos Kravattenhaß und pseudoklerikale Anzüge, Valle-Incláns gewaltiger Apostelbart werden zu Markenzeichen. Man ist nobel und idealistisch gesinnt, dabei pessimistisch, melancholisch und empfindsam und vor allem subjektiv, antirationalistisch und überwiegend areligiös. Die Reaktion der 98er erscheint wie ein zeitloses Lehrstück über die Unfähigkeit der Intellektuellen, auf dramatische gesellschaftliche Umwandlungen zu reagieren. Denkt man an Deutschlands jüngste Geschichte und erlaubt sich die spielerische Freiheit, die beiden Zahlen umzudrehen, so ist die Assoziation an die Sprachlosigkeit unserer Dichter und Denker im Herbst 1989 nicht fern. Schon der Vorläufer der 98er, der Spätromantiker Bécquer, verlegt sich ganz auf eine subjektivistische Prosa, die der heutigen »Fantasy« nahe kommt. In seinen literarischen Gruselgeschichten läßt er es auf den Höhenzügen um Soria spuken. Der Teufel lauert hinter Wegkreuzen dem ahnungslosen Reisenden auf, die Hand der verlassenen Braut reckt sich mahnend aus dem Grab, in den »Grünen Augen« locken irrlichternde Rehaugen den nächtlichen Wanderer in das kühle Dunkel eines Waldweihers.

Die Literaturwissenschaft ist sich in der Beurteilung dieser 98er durchaus uneins. Wo die einen überwiegend provinzielle Schwärmer, Dulder, seelenvolle Tagträumer ausmachen, sehen andere in dieser Schriftstellergruppe die direkten Nachfolger des »Goldenen Zeitalters« im 16. und 17. Jahrhundert, loben die von allem Zweckrationalismus befreite neue Schärfe der Beobachtung, Strenge in der Darstellung, Feinheit der Empfindung und klare Sicht des Wesentlichen und Endgültigen.

Der 1875 in Sevilla geborene Machado, den die Biographen gern »einen Andalusier aus portugiesischem Blut« nennen, gilt manchen im Rückblick als Spaniens größter Dichter des 20. Jahrhunderts. Dante, Leibniz, Tolstoi gehören zu seinen Vorbildern. Mit den »Soledades« – Einsamkeiten – und den »Poesiás completas« erringt er Beachtung und Bewunderung. Fritz Vogelsang, der seine Gedichte ins Deutsche übertrug, spricht von einem »unverwechselbaren Ton von herber Schwermut, von Stille, gesammeltem Ernst und schwebender Intimität«. Andere sehen in ihm einen verschrobenen Studienrat aus der Provinz mit poetischem Talent. Kastilien wird seine Wahlheimat, er besingt die karge Landschaft, die Einsamkeit und Strenge der Meseta in langen Balladen. »Männliches Kastilien, unwirtliches Land, Kastilien des Schmerzes und des Krieges. Unsterbliches Land, Kastilien des Todes!«, intoniert er melancholisch über den Ort seines bescheidenen Zurückgezogenseins. Ein paar Kilometer von Soria entfernt manifestiert sich in den Ruinen von Numantia die besungene Tragik der Landschaft. Im Jahr 133 v. Chr. endet hier der langjährige heldenhafte Widerstand der strategisch wichtigen keltiberischen Stadt gegen die römischen Belagerer unter Scipio mit einem kollektiven Selbstmord. Um der drohenden Sklaverei zu entgehen, setzen die Bewohner die Stadt in Brand und kommen bis auf den letzten Mann in dem Flammen um. Die Stille hier oben zwischen den trocken gefallenen Brunnen, den Umrissen der zerstörten Behausungen und reihenweise aufgetürmten Mahlsteinen ist beinahe total. Nichts ist zu hören außer dem Sirren eines noch sommerlich warmen Windes.

Die kleine Einsiedelei am andern Ufer des Duero ist in Soria Machados bevorzugtes Spazierziel. Das achteckige Kirchlein im überladenen Stil des 18. Jahrhunderts kann man durch eine über mehrere Ebenen reichende Felsgrotte erreichen. Es gibt auch einen Weg auf Treppen den Hang hinauf, doch der ist heute unpassierbar. Ein Bienenvolk umbraust Sträucher, die den letzten Nektar des Jahres spenden, bevor die Winterkälte hereinbricht. Niemand wagt sich durch das hektische Geschwirr. Der Weg zur Stadt zurück führt an einer Allee von Pappeln entlang. *Los álamos* heißen die Bäume auf spanisch, was eher nach einem Western und staubigen Dörfern in Neumexiko klingt. Die Sorianer nennen die Bäume in lyrischer Ausschmückung die »singenden« und »tönenden« Pappeln, weil hier im Frühling die Nachtigallen nisten und gegen das pausenlose nächtliche Gekläff der Köter die Arabesken ihrer Melodien setzen. Der Asphalt der schmalen Piste ist ganz und gar von den goldgelben Blättern bedeckt. Die Straße heißt Paseo de San Saturío, aber alle in Soria nennen sie Paseo de Antonio Machado, und wie eine Huldigung an den Dichter der Stadt haben die Liebespaare unserer Zeit ihre Schwüre in die Rinde jedes Baumes geritzt.

Auch Peter Handke ist diesen Weg immer und immer wieder gegangen. Ausgerechnet nach Soria, in dem sich durchaus keine Wurlitzer fanden, hatte ihn sein Brüten über den »Versuch über die Jukebox« verschlagen. »Wie überall auf der Welt sah er auch hier die Passanten, die schon beim ersten Regentropfen den immer bereiten Schirm aufspannten, und auch in der Meseta war die Mode eingezogen, daß die jungen Mädchen beim Betreten eines Lokals sich die Haare aus der Stirn bliesen«, meldet er aus seiner sorianischen Enklave. Gerald Brenan, der große Biograph Spaniens, berichtete seinerzeit noch ganz anderes von den Frauen in Soria. Daß sich die Jungfrauen zu Johannis nackt im Tau wälzen, erfährt man bei ihm, und die Frauen fürchten, von starkem Wind geschwängert zu werden und deshalb Steine dem Sturm entgegen zu werfen pflegen. In dieser archaischen Landschaft verbringt Handke einen Winter, mustert die vom Wind aufgefächerte Dünung des kaltschwarzen Flusses, kehrt mit ritueller Wiederholung in den einfachen Kneipen am Duero-Ufer ein, setzt seine Schritte entlang der Reste der alten Stadtmauer und mäandert auf merkwürdig zerfurchten Schleifenwegen, deren Sinn sich zu verbergen scheint, bis sich später herausstellt, daß es sich um die Piste einer Moto-Cross-Strecke handelt. Der Bildersturz nicht gerinnen wollender Sätze, die alert übertriebene Aufmerksamkeit beim Umherlaufen auf der Suche nach einer Formulierung – »das Surren einer Hornisse gegen seinen Kopf im Vergleich eine Wohltat« – treiben ihn immer wieder vor die Fassade von Santo Domingo. Die romanische Kirche aus dem 12. Jahrhundert steht breit und behäbig wie eine Scheune zwischen den viel höheren Backsteinneubauten rundum. Und jeder, der nicht wie die Sorianer diesen Schatz jederzeit zur Verfügung hat, und es sich also leisten kann, schnellen Schrittes vorbeizueilen und irgendwelchen alltäglichen Erledigungen nachzugehen, hält inne, schaut und staunt. Wider jedes Bilderverbot sitzt Gottvater gutmütig-gemütlich in der Mandorla und hält den Jesusknaben auf dem Schoß, der mit den schmalen Kinderarmen schon die steinernen Gesetzestafeln in die Höhe reckt. Eva wird dem Adam zur Gefährtin gegeben und will gleich die Hand nach dem Baum der Erkenntnis ausstrecken. Engel halten die Tiersymbole der Evangelisten wie Schoßhunde auf den Knien. Die heiligen drei Könige ruhen gemeinsam unter einer Bettdecke bei der letzten Übernachtung, bevor sie dem Kind huldigen. Der Kindermord des Herodes dehnt sich als langes Figurenband mit endloser, grausam-detailgetreuer Schlächterei. Dieses Tympanon ist für den grübelnden Dichter Handke wie für den Reisenden, der eben noch den Stadtplan faltete, nach einer Filmdose kramte, wie ein heilsamer Trost. Reihen von einfachen, fast stilisierten Figuren, deren Eindrücklichkeit gerade im Naiv-Schlichten liegt, bannen das Auge, und Handke fällt dazu Borges Wort von der »Brüderlichkeit des Schönen« ein, die einen für den Augenblick selbstvergessener Ergriffenheit in kindliche Verzauberung und Geborgenheit lullt. Als sei es damit noch nicht genug an Schönheit, Ebenmaß und Harmonie, leistet sich das kleine Soria mit San Pedro noch eine »Nebenkathedrale«, ein merkwürdiger, nie gehörter Begriff, der einen an die Nebenfrauen irgendwelcher Sultane denken läßt und damit zurückführt zu der Assoziation des hoheitsvoll und unbestimmt orientalisch anmutenden Namens der Stadt. Doch der wunderbar erhaltene Kreuzgang mit seinen Zwillingssäulen, reich geschmückten Kapitellen und von Rosen bestandenem Rasengeviert kündet von lupenreiner romanischer Baukunst.

Noch ist nichts von der von Handke beschriebenen winterstarren Härte und Zurückgezogenheit der Stadt spürbar. Draußen im Park vor dem Hotel ergehen sich die Spaziergänger beim abendlichen *paseo* und mustern den rotgoldenen Sonnenuntergang über den Bergen, die sich hinter der tarnfarbenen Einöde der Hochebene türmen. Die Fassaden der geziegelten Neubausiedlungen um den alten Stadtkern erscheinen Ton in Ton mit dem wie eine Feuersbrunst verglühenden Himmel. Man trägt die neue Herbstmode, aber es ist viel zu warm für die wollenen Jacken, die über die Stuhllehnen gehängt werden, wenn man eine *copita* nimmt. Die Luft ist lau, die Illusion eines Sommerabends, doch die Kinder, die zwischen den Bäumen herumrennen, haschen nach Blättern des Herbstlaubs, das in Farben zwischen Rostrot und Schwefelgelb von jedem Windhauch herabgeweht wird.

Noch einmal führt uns der Weg hinunter in die Stadt zu einem Abendessen in den Gassen der Altstadt. In der Calle Aguirre prunkt der Renaissancepalast der Condes de Gómara mit seinem imposanten quadratischen Turm im letzten Licht. Der prächtige Bau kündet vom Reichtum aus der Glanzzeit der »Mesta«, jener Vereinigung wohlhabender Schafzüchter, die jahrhundertelang die alljährliche Wanderung ihrer Herden von der Extremadura bis zu den grünen Auen Nordspaniens überwachte und erheblichen politisch-wirtschaftlichen Einfluß besaß. Die Konturen der Figuren von Santo Domingo verschwimmen allmählich in der Dämmerung. Aus der Kirche tönt ein zarter, engelhafter Gesang. Durch ein Gitter von den Besuchern der Abendmesse getrennt, singen zwei Dutzend Nonnen das Lob Gottes. Die Chorleiterin intoniert das sanftmütige Leiern der Melodie mit gebetsmühlenartigen Bewegungen, deren Schwünge an die verschlungenen Bögen des Kreuzgangs von San Juan de Duero erinnern.

Die Nacht ist so warm, daß man das Fenster offen stehen lassen muß. Unentwegt kläffen Hunde das sternenklare Firmament an. Gegen Morgen wird es plötzlich kühl. Als der Tag anbricht, ist die Temperatur um mehr als zwanzig

Grad gefallen. Ein schneidender Nordost fegt über die Höhenzüge.

Im Februar 1939 flieht der bereits fiebernde Dichter Machado vor den Häschern der Frankisten im eisigen Regen über die verschneiten Pyrenäen. Selbst das Notgepäck hatte er wegwerfen müssen. Als unbeachteter Flüchtling stirbt er beim Erreichen des rettenden Ziels im französischen Exil. Der spanische Bürgerkrieg, zu dessen ersten Opfern auch der bei Granada exekutierte Garcia Lorca gehörte, riß damit in seinen letzten Tagen eine weitere Bresche in die Kultur des Landes.

»Durch den Dunst des Abends schwebt der Ruch der Abwesenheit, der zur erleuchteten Seele sagt: niemals! und zu dem Herzen: hoffe!«, klingt die Stimme des Dichters nach.

Dicke Mauern, spitze Zinnen und der Duft von Rosen

Wie eine Festung: Ávila, die Stadt der heiligen Teresa

Es gibt Orte, denen man sich von einer bestimmten Seite nähern muß. Bei Ávila ist es die Landstraße von Salamanca, von der aus man herankommen sollte. Plötzlich, am Aussichtspunkt Cruz de Cuatro Postes, liegt die Stadt vor einem ausgebreitet. Es ist der Punkt, von dem aus Teresa als Mädchen, unterwegs nach Afrika und bereit zum Märtyrertod, auf die Stadt zurückgeblickt hat und die Wegzehrung von einer Handvoll Rosinen aufaß, bevor der Onkel sie entdeckte und nach Hause zurückbrachte. Vier Pfeiler und ein Kreuz markieren ihn.

Eine gewaltige Burg, eine steinerne Arche, die im Rasengrün einer Landschaftswelle dahintreibt, eine granitene Festung mit zackengekrönten Zinnen, die eine späte Sonne aus purem Gold gefügt sein läßt, so erscheint die Stadt. Der Goldton der Steine, das Grün des hügeligen Untergrunds, das Ziegelrot der den Hang hinaufgeschichteten Dächer, das Stahlblau des Aprilhimmels – es sind wenige leuchtende Farben, es ist ein überklares Trugbild. Wenn die Sonne erlischt, wird alles grau, die unwirtliche Hochebene ebenso wie die gewaltigen Mauern der Feste. Noch aber ist Tag.

Der Aussicht wegen machen wir in einem Hotel an der Straße Rast und bestellen ein Mittagessen. Wir sind die einzigen Gäste in einem Speisesaal, der vor dreißig Jahren als modern gegolten haben mag und seitdem nie renoviert wurde. Die Kellnerin serviert lieblos Gekochtes mit der verhaltenen Mimik einer Dame von Adel und einem Gehabe, das zu einem Fünfsterne-Haus paßte.

»Ávila ist eine uralte und, für unser Empfinden, unheimlich pittoreske Stadt, gänzlich mit massivem Mauerwerk umgürtet, das wiederum von etwa hundert gezackten Rundtürmen befestigt und in Abständen von Toren durchbrochen wird: diese geben den Zugang auf die engen Gassen frei … Man befindet sich im zentralen Spanien, wahrlich keinem Land sonnenbeschienener Lichthöfe, Fontänen und Orangenblüten, sondern eher auf dürrem und asketischem Boden, auf dem die Männer, in Mäntel gehüllt und ein Tuch über die Schulter geschlagen, derart vermummt einherschreiten, daß ihre edlen knochigen Gesichtszüge, die der tief herangezogene Hut bis über die Augen hin verdeckt, fast ganz verschwinden; in einem Land, wie gesagt, in dem der Ehrbegriff zu grimmiger Bedeutung gelangt, in dem die Kämpfe schnell und tödlich ausgetragen werden.« So beschreibt Vita Sackville-West 1943 in »Adler und Taube« die gut einhundert Kilometer nordwestlich von Madrid gelegene windumtoste Provinzhauptstadt, deren Ursprünge bis auf die Keltiberer zurückgehen. Um es gleich zu sagen: Wir haben weder in

Tücher vermummte knochige Edle noch tödliche Kämpfe gesehen. Geschossen wird auf dem Jahrmarkt, und das allein auf Papierblumen. Die örtliche Männerwelt geht in Jeans und Parker. Aber was die Beschreibung der Stadt und ihrer Atmosphäre angeht, so stimmt sie Wort für Wort – und wirklich ist einem so, als könnte jeden Moment ein knochiger Edler mit wehendem Mantel um die nächste Ecke biegen.

Ávila hat die längste und am besten erhaltene mittelalterliche Stadtmauer der Welt und ist auf fast zwölfhundert Metern die höchstgelegene Stadt Spaniens. Noch bis in den Frühsommer hinein leuchten am Horizont die Schneefelder der Sierra de Gredos, unwirkliche Kulisse an einem windstillen Frühlingstag; Sinnbild der Härte einer Stadt, die heute noch im offiziellen Hotelführer Spaniens als »Ávila de los Caballeros« geführt wird, Ávila der Edelleute. Stolzer, ehrsüchtiger, kastilischer geht es nicht mehr. Nicht nur geologisch, bemerkte Sackville-West, ist Kastilien aus Granit geformt. Der Andalusier Antonio Machado lobpreist und verflucht in einem Atemzug das Land der »hohen Ebenen und Einöden«, der lehmfarbenen Haufendörfer mit holzschnittartig spröden Landleuten und den allgegenwärtigen Burgen. Ein ganzes Land ist nach einer Festungsart benannt.

Von Ávila, dieser »Warte Kastiliens«, sagte der Poet Miguel de Unamuno, es sei eine Stadt, die, einem Krustentier gleich, den Panzer nach außen kehre und das Fleisch nach innen, und auch das sei oft genug knöchern. Aus der Nähe wirken die Mauern noch gewaltiger. Mehr als zweieinhalb Kilometer sind sie lang, umgürten die Stadt in der Form eines Rechtecks, im Durchschnitt zwölf Meter hoch und gut drei Meter dick. Auch die Apsis der Kathedrale ist als Wehrturm in das Gemäuer eingefügt. Der ursprünglich schlichten romanischen Kirche sind Elemente aus Gotik und Renaissance angefügt. Ein Turm steht unvollendet. Drinnen findet sich das Grabmal des Bischofs Don Alonso de Madrigal, der den Beinamen »El Tostado« – der Geröstete – führt, da er sich, vertieft in religiöse Lektüre, über einer Kerze gründlich ansengte. Noch heute wird er von spanischen Eltern gern dem faulen und gottlosen Nachwuchs als Vorbild präsentiert.

Draußen wechseln Sonne und heftige Schauer, der frisch gewaschene Granit glänzt wie Mondstein, wenn das Licht nach dem Regenguß wieder gleißt. Trutzige Adelspaläste stellen die Bedeutung großer Familien mit Wappen und Wehrtürmen heraus. Im Palacio de Polentinos logiert das Militär und läßt nur ausnahmsweise Besichtigung zu, dafür steht der Renaissancepalast der Deanes als heutiges Provinzmuseum jedem offen.

Ob es am zeitweiligen Regen oder an den Böen schneidend kalten Nordwindes liegt, Ávila erscheint uns seltsam verlassen und menschenleer. Allenthalben finden sich Lädchen mit den örtlichen Spezereien, aber wenig Alltagsleben läßt sich entdecken, Geschäfte für profane Gebrauchsgegenstände etwa, Frauen mit Einkaufstaschen oder spielende Kinder. Allein der Autoverkehr, der sich wie überall in Spaniens geschichtsträchtigen Städten noch immer weitgehend ungezähmt durch enge Gassen windet, zeugt von Geschäftigkeit. Froh sind wir, als sich endlich ein Lebensmittelgeschäft finden läßt, auch wenn die Besitzerin dem örtlichen Nachbarschaftsklatsch mit zwei Kundinnen derart hingegeben ist, daß sie kaum Zeit findet, eine Flasche Mineralwasser abzurechnen.

Von Ávila sagt ein Sprichwort, es sei aus Steinen und Heiligen gebildet. Die zur Dämmerstunde des 28. März 1515 geborene Teresa de Cepeda Dávila y Ahumáda wird zur berühmtesten Persönlichkeit der Stadt. Als »Teresa von Ávila« geht sie in die Geschichte ein. Zur Zeit ihrer Geburt ist die Stadt bereits in wirtschaftlichen Schwierigkeiten. Knapp 25 Jahre zuvor waren die maurischen Besatzer endgültig von der Reconquista besiegt und weitgehend vertrieben worden, die Juden und damit der Mittelstand und das gehobene Handwerk verjagt und die Inquisition zum gesellschaftlichen Terrorinstrument avanciert. Seither geht es mit Handel und Wandel in Spanien bergab. Auch in Ávila, das schon seit etwa vierhundert Jahren nicht mehr unter maurischer Herrschaft steht, lebt man in trutziger Isolation, in sich gekehrt, erstarrt. Selbst mit nahegelegenen Städten wie Segovia und Salamanca erfolgt wenig Austausch. Reisen über das Land sind unbequem und gefährlich. Allenfalls die nach der Reconquista des Mutterlandes quasi beschäftigungslos gewordene Kämpfergarde der jungen Edelleute wagt sich aus grauer Mauern Enge, dann aber gleich weit fort. In die eben eroberten Provinzen in der »neuen Welt« nämlich, dorthin, wo noch nicht lange zuvor nichts als der Horizont zu ahnen war und nun viel zu holen ist. Auch sechs der Brüder der heiligen Teresa gehen als Konquistadoren nach Amerika, drei von ihnen kehren nicht mehr zurück.

In Kastilien gibt man sich nach dem Sieg über die kultivierten Fremdherrscher einem fanatischen Rassenstolz hin. Ein Spanier, der sein Haupt hoch tragen will, muß unbezweifelbar reines Blut – *limpia sangre* – nachweisen, darf keinerlei jüdische oder mohammedanische Vorfahren haben, ebensowenig Ahnen, die zu irgendeiner Zeit von der Inquisition verurteilt worden sind. Teresa von Ávila aber, obgleich Tochter eines *Hidalgos*, eines »Sohns von irgendwem«, wie sich der spanische Landadel in direkter Übersetzung nennen darf, ist nicht ganz reinen Blutes, denn ihr Großvater gehört zu einer Familie zum Christentum übergetretener jüdischer *conversos* aus Toledo. Teresas Vater lebt als mustergültig angepaßter *Hidalgo*, der seine Kinder streng christlich erzieht. Dennoch ist sein Adelstitel gefährdet, und er muß dessen Bestätigung in einem jahrelangen Prozeß erstreiten. Im Jahre 1522 erhält er von der Stadt Ávila endlich positiven Bescheid. Im gleichen Jahr stiftet die nun siebenjährige Teresa den vier Jahre älteren Bruder dazu an, mit ihr vom elterlichen Haus auszureißen, um im Land der Mauren als Missionare zu wirken und als Märtyrer zu sterben.

Mehr als hundert Jahre später, 1636, wird an der Stelle, wo sich Teresas Elternhaus befand, zu ihrem Gedenken ein Kloster der unbeschuhten Karmeliterinnen – der *Descalzas* – errichtet. Hinter einer äußerlich zurückhaltenden Barockfassade findet sich unter anderem das winzige Rasengeviert eines Höfchens, in dem die kleine Teresa gespielt haben soll, sowie eine überschwenglich ausgestaltete Kapelle um eine mit kostbaren Stoffen und Schmuck behangene Figur der Heiligen, die Gregorío Fernández in einem ihrer visionären Augenblicke zu bannen versuchte. Mit ernster Miene macht die Schwester, die uns herumführt, auf den feinen Rosengeruch aufmerksam, der sich in der Kapelle wittern läßt. Dieser komme nicht etwa davon, daß hier noch kürzlich Rosen gestanden hätten und schon gar nicht davon, wie Spötter behaupten, daß man den Raum parfümiere, sondern sei schlicht ein Wunder, wobei derartige Wohlgerüche echte Heilige bekanntlich des öfteren umgeben und dieser hier zum Gedenken an die große Tochter der Stadt eben anhaltend hafte. Auch der Touristenprospekt der Stadt belehrt den Zweifler: »Letzten Endes kann man sagen, daß in Ávila jeder Stein Erinnerung an die heilige Wanderin birgt.«

Die kindliche religiöse Inbrunst mit Berufsziel Märtyrerin währte indessen nicht lange. Als Jugendliche ist Teresa von Ávila ein eitles und vergnügungssüchtiges Geschöpf, das erst nach nicht ganz geklärten Versuchungen oder Verfehlungen gegen ihren Willen ins Kloster Santa María de la Encarnación gesteckt wird. Eine junge Frau begleitet uns durch die zugänglichen Teile dieser Anlage. Gezeigt wird unter anderem eine Zelle, wie die Heilige sie bewohnt haben soll. Eng, ärmlich, dunkel, an ein Gefangenenlager erinnernd. In Vitrinen findet sich neben brüchigen Priestergewändern und diversen Kultgegenständen auch ein Bröckchen mumifizierten Fleisches der Heiligen sowie ein Holzscheit, der ihr als Kopfkissen gedient haben soll, und ein Manuskript von ihrer Hand, das Graphologen ins Grübeln geraten lassen würde. Oftmals unverbundene Silben und unmäßige, weit über andere Zeilen geschlungene Ober- und Unterlängen lassen nach heutiger Lesart geradezu manische Persönlichkeitszüge befürchten. Entgegen den gruseligen Inszenierungen entbehrungsreichen Klosterlebens soll es seriösen Quellen zufolge in eben diesem Ordenshaus während der dreißig Jahre, die Teresa hier zubrachte, durchaus lebensfroh und bequem zugegangen sein. Die etwa zweihundert Bewohnerinnen empfangen Besuche, können das Kloster nach Belieben für Tage, Wochen oder Monate verlassen, leben mit Dienstmädchen in großzügigen Appartements und kleiden sich wie Damen der großen Gesellschaft.

Teresa, die inzwischen mit ihren ersten schweren gesundheitlichen Krisen zu kämpfen hat, mit Fieberanfällen, Erbrechen, Ekel, Herz-

und Nervenschmerzen, schweren Ohnmachten und anhaltenden Lähmungen, also Krankheiten, die heute als schwere Formen psychosomatischer Störungen begriffen werden, steht inzwischen der Sinn nach Höherem als dem flatterhaften Miteinander dieses gehobenen Damenstifts. Sie hängt neuerdings der Mystik an. Bei der frommen Kontemplation allein bleibt es nicht. In Visionen, Auditionen und Levitationen, die ihren Körper mit großer Lust, unerträglichem Schmerz und hölzerner Starre erfüllten, will Teresa die Gegenwart von Jesu ebenso wie die des Teufels erlebt haben. Für diese außergewöhnlichen eidetischen Wahrnehmungen wird sie von ihren Beichtvätern und den Kirchenoberen zunächst heftigst kritisiert und beschworen, alles ihr Mögliche gegen diese Sensationen zu tun. Sogar Christus mit obszönen Gebärden in die Flucht zu schlagen wird ihr befohlen. Statt sich anzupassen, entscheidet sie sich vielmehr zur Gründung eines strengen Reformklosters, das der unbeschuhten Karmeliterinnen.

Die Regeln des Ordens sind hart: strikte Klausur, einfache Tracht, Armut, Keuschheit, absoluter Gehorsam und die Erarbeitung des Lebensunterhalts durch die Kommunität selbst. Ihre Pläne sind nicht nur den alteingesessenen Karmeliterinnen zuwider, auch die Stadt Ávila wehrt sich gegen ein neues Kloster, das entgegen der Ankündigung womöglich auf Unterstützung angewiesen sein würde. Erst als der Hof in Madrid ihren Plänen zustimmt und sie in Johannes vom Kreuz einen verständnisvollen und von ihr glühend verehrten Beichtvater findet, entfaltet die immer wieder kränkelnde Teresa ihr volles Talent, reibt sich schier auf zwischen dem Anspruch auf kontemplatives Leben, schriftstellerischen Ambitionen und der praktisch-handfesten Organisationsarbeit für weitere Klostergründungen. »La vida es una noche en una mala posada« – »Das Leben ist eine Nacht in einem schlechten Gasthaus«, soll sie einmal erklärt haben, und das klingt plausibel, wenn man an ihre endlosen Touren übers Land bei Hitze und Kälte denkt, mühsame Dienstreisen auf der Suche nach Grundstücken und Mäzenen.

Für ihren Tatendrang wird die agile Príorin mehr als einmal angefeindet. »Eine ruhelose Vagabundin, widerspenstig und verstockt«, nennt sie der Päpstliche Nuntius Felipe Sega, »doziert wie ein Professor, obwohl der Apostel Paulus den Frauen eine öffentliche Lehrtätigkeit verboten hat.« Staunen läßt einen auch die moderne Theologie Teresas: »Denn ob wir Gott lieben, kann man nicht erkennen, obwohl es Anzeichen dafür geben mag. Aber die Liebe zum Nächsten ist erkennbar. Je weiter ihr in dieser fortschreitet, um so mehr wächst eure Liebe zu Gott.« Eine gefährliche Ansicht, da die Inquisition gerade ihren Höhepunkt erreicht und allenthalben Autodafés und Ketzerverbrennungen stattfinden.

Auf dem Rückweg vom Kloster Nuestra Señora de Gracia folgen wir dem anschwellenden Klang von Fanfaren. Vor der Stadtmauer übt die Jugend eines örtlichen Spielmannszugs den richtigen Ton. Etwa zwei Dutzend Kirchen und Klöster finden sich noch heute in Ávila, bezogen auf die seit etwa hundert Jahren konstante Einwohnerzahl von vierzigtausend eine beachtliche Zahl. Noch immer ist die bis ans Widersinnige grenzende religiöse Inbrunst ebenso spürbar wie die Allmacht der Inquisition. Santo Tomás, das vom Großinquisitor Tomás de Torquemada außerhalb der Mauern gegründete Kloster mit dem pompösen Alabastergrabmal für den jungverstorbenen einzigen Sohn Isabellas der Katholischen, hat auf seiner Empore manches Tribunal gesehen und atmet trotz der idyllischen Innenhöfe den Geist einer Gruft.

Auch Teresa findet sich in den Fängen der Inquisition wieder, wird jahrelang überwacht und ist immer wieder mit schriftlichen Rechtfertigungen beschäftigt. Sie übersteht die Gefahren. An den Kragen geht es ihr erst nach ihrem Tod mit 67 Jahren in Alba de Tormes. Im Zeichen des Reliquienwahns wird sie regelrecht zerstückelt: In ihrem Grab werden allein das Herz und ein Arm beerdigt, ihre Zähne gehen nach Malaga, Mailand und Rom, die Finger nach Ávila, Brüssel, Paris, Sevilla und wiederum Rom, das auch den rechten Fuß und die rechte Wange dazu bekommt, Palencia erhält einige Knochen, linkes und rechtes Schläfenbein kommen nach Ávila und Brüssel. Der Rest ihres Fleisches wird unter Salamanca, Segovia, Rom und Neapel geteilt, das als Dreingabe zudem die Luftröhre erhält.

Dagegen stimmt der Blick von der Stadtmauer über die weite Flur fast heiter. Direkt unter dem Ausguck liegt die Plaza Santa Teresa gleich außerhalb der Mauern, wo vor einem marmornen Denkmal der Heiligen sich die Blumengebinde von Feuerwehr, Rotem Kreuz und sonstiger Rettungsdienste häufen, womit die Schutzheilige mit dem entrückten Blick um Beistand beim schweren Tagwerk gebeten wird. Vom Festplatz weht Technomusik herüber. Liebespärchen knutschen auf den Stufen vor dem Standbild der Ehrwürdigen und scheinen sich so den Segen auf ihre Verbindung zu erflehen.

Teresa wacht über allem. Auch über den vorbeitosenden Verkehr und über die salmonellenfreie Produktion der rohen Zuckereidotter, neben *huesillos,* »Heiligenknöchelchen« aus Schmalzgebackenem, das Mitbringsel schlechthin. Dabei liebte es Teresa selbst eher deftig. »Wenn Rebhuhn, dann Rebhuhn; wenn Buße, dann Buße«, soll sie bei einem Klosterbesuch denen verkündet haben, die sich über ihren guten Appetit wunderten.

Der Königin steiniges Land

Auf den Spuren Isabellas der Katholischen

Madrigal de las Altas Torres ist ein Ort, wie er den Hirngespinsten eines Don Quijote entstammen könnte. Vergeblich sucht das Auge den flachen Horizont nach markanten »hohen Türmen« ab, wenn man sich auf der schnurgeraden Landstraße nähert. Der Weizen steht hoch, leuchtet in grellem Gelbgold, der Himmel darüber trägt bereits das milchige Blaßblau des sommerlichen Hitzeglastes. In den Chausseegräben büscheln meterbreit Klatschmohn und Kornblume. Ansonsten ist die Landschaft von geradezu aufreizender Reizlosigkeit.

Erst beim Näherkommen löst das Dorf ein, was sein klangvoller Name verspricht. Von den ehemals über achtzig gewaltigen Türmen, mit denen die Araber die Siedlung im 11. Jahrhundert befestigten, stehen immerhin noch knapp zwei Dutzend fest gemauerte Stümpfe. Auch Teile der Stadtmauern sind erhalten. Durch ein enges Tor schlüpft man in die Gassen, die einsam in der mittäglichen Hitze brüten. Außer einem Hund, der in einem schmalen Streifen Schatten döst, ist kein lebendiges Wesen zu sehen. Die Siesta ist hier, mitten in der kastilischen Provinz, ein heiliges Gebot. Aus einer Kneipe dröhnt Stimmengewirr und ein ums andere Mal der kollektive Schrei der Anspannung. Die männlichen Bewohner des Ortes sind vor dem dort angebrachten Fernseher versammelt und verfolgen erregt ein Weltmeisterschaftsspiel. Gegen wen Spanien gerade antritt, wollen wir wissen. Gegen irgendwelche *moros*, meint einer wegwerfend, und der Wirt muß erst in der Zeitung nachschauen, um festzustellen, aus welchem afrikanischen Land der Gegner stammt.

Der Platz vor dem Kloster Nuestra Señora de Gracia ist von fast beängstigender Weite. Damals ein schlichter königlicher Sommerpalast, wurde hier am 22. April 1451 die Infantin Isabella als Tochter des in zweiter Ehe verheirateten Juan II. von Kastilien geboren. Wir klingeln an der Pforte, eine Nonne im schwarzen Habit der Augustinerinnen öffnet und führt uns durch die für Besucher geöffneten Räume. Im Kapitelsaal tagte einst die Ständevertretung der *Cortes*, eine Art frühes Parlament. Der einfache große Raum wird von einer kunstvollen holzgeschnitzten Artesonado-Decke überspannt. In der »Sala de la Reina« hängt das einzige Doppelporträt von Isabella und deren späterem Gatten Fernando von Aragón. Auch das winzige Geburtszimmer Isabellas ist zu besichtigen. Der weite Kreuzgang ist mit Rosen bestückt. Im Vorhof des Klosters sitzen die Nachbarsfrauen bei einer Näharbeit. Ein Schild ehrt Isabella als große Königin der »Hispanidad«. Wir sitzen unter den Arkaden der Plaza Real mit Blick auf die Pfarrkirche San Nicolás, in der Isabella durch das damals übliche Eintauchen des ganzen Kinderkörpers getauft wurde.

Ganze vier Jahre wächst die Prinzessin im freundlichen ländlichen Einerlei von Madrigal auf. Dann stirbt ihr Vater Juan, und der aus dessen erster Ehe stammende Enrique IV. tritt die Regentschaft an. Der neue König weist seiner blutjungen Stiefmutter mit den beiden Kleinkindern Isabella und Alfonso die nicht weit entfernte Burg von Arévalo als Wohnsitz an.

Vor dem gedrungenen kleinen Castillo, in dem Isabella sieben weitere Jahre ihrer Kindheit verbringt, spielen Zigeunerjungen Fußball. Am Rande des Städtchens, auf einem baum- und strauchlosen Hügel gelegen, erscheint das leicht baufällige Bollwerk eher als ein Ort der Verbannung als etwa ein königlicher Wohnsitz. Die einzige Zerstreuung, die hier denkbar ist, ist der weite Blick über die Felder und Höhenzüge. Einzelne Schirmpinien in der Ferne werfen Schattenovale in die sonnendurchglühte steinige Landschaft. Im Hochsommer wabert die Hitze wie Trugbilder über dem endlosen grauen Band der Landstraße. Im Winter ist Kastilien eine unwirtliche, windgebeutelte Hochebene.

An der Plaza de la Villa mit ihren Arkadengängen und schön geziegelten Gebäuden sind fast alle Häuser verlassen, ein einziges zeigt mit Geranienschmuck und Wäschegirlanden noch Leben hinter seinen Mauern an. Aus der romanisch-mudéjaren Kirche Santa María strömt eine Hochzeitsgesellschaft heraus. Ein Mann trägt das noch dampfende Spanferkel für das Fest über den Platz.

Isabellas Kindheit ist zu Ende, als sie elfjährig mit ihrem kleinen Bruder Alfonso an den Hof Enriques nach Madrid geholt wird. Niemand rechnet damit, daß das pausbackige dralle Mädchen mit dem dünnen Blondhaar und den blaugrünen Augen jemals Herrscherin eines Weltreiches werden wird. Enrique gilt als lasterhafter Schöngeist, der mit einem Dreigestirn machtlüsterner weltlicher und geistiger Berater regiert. Als ihm seine Gattin endlich eine Thronfolgerin gebiert, weiß der Volksmund von Anfang an, daß nur der Liebhaber der Königin als Erzeuger in Frage kommen kann. Mehrfach beschwört und widerruft Enrique die Vaterschaft der Thronerbin. Zeitweilig wird Isabellas Bruder Alfonso von den Granden entführt und als zweiter König ausgerufen. In Kastilien herrschen bürgerkriegsähnliche Zustände. Als der noch jugendliche Alfonso an Vergiftungserscheinungen stirbt, ist der Weg frei für Isabella. Im fünfzig Kilometer südöstlich von Ávila gelegenen Toros de Guisando läßt Enrique seine Halbschwester feierlich zur neuen Erbin erklären. Die verwitterten keltiberischen Stiere stehen noch heute einen Steinwurf von der Nationalstraße bei San Martín de Valdeiglesias. Still brüten die archaischen Tierfiguren in der Sonne. Kaum ein Besucher verirrt sich hierher. Im Schatten der Steineichen rundum kann man eine beschauliche Mittagsrast halten. Riesige Findlinge liegen dekorativ in der Landschaft verstreut. Zistrosen und Ginster duften mit schwerer Süße.

Die heranwachsende Isabella wird von Enrique wechselnden Heiratskandidaten angedient. Die Bewerber von höchstem Adel sind entweder Jahrzehnte älter, fettleibig oder von schwacher Gesundheit, lasterhaft oder charakterschwach. Einziges Kriterium für die Pläne Enriques ist die jeweilige Tagespolitik. Doch das Gelöbnis von Toros de Guisando hat Isabella freie Wahl des Gatten zugestanden. Sie entscheidet sich für Fernando, den um ein Jahr jüngeren Thronfolger des benachbarten Königreiches Aragón. Die Hochzeitsvorbereitungen finden im Verborgenen statt. Im September 1469 unterschreibt Fernando den als »Capitulaciones« in die Geschichte eingegangenen Ehevertrag. Unter anderem verspricht der Bräutigam, seinen Wohnsitz in Kastilien zu nehmen, sich von dort nicht ohne Erlaubnis der Gattin zu entfernen, keine Kriege ohne deren Einwilligung zu führen und gemeinsam mit ihr alle königlichen Dekrete abzuzeichnen. Alsdann macht sich der Prinz in der Verkleidung eines Maultiertreibers auf den Weg zur heimlichen Hochzeit.

Eine knappe halbe Stunde ist es heute von Madrigal oder Arévalo nach Valladolid, Hauptstadt der gleichnamigen Provinz, Bischofs- und Universitätssitz.

Hier findet im Palacio de los Vivero die Eheschließung von Isabella und Fernando in aller Stille und gegen die Interessen König Enriques statt. Nicht weit entfernt liegt die Casa de Colón, das Sterbehaus des großen Seefahrers Kolumbus, dessen Name mit der von den katholischen Königen begründeten Weltmacht

Spaniens so eng verbunden ist. An die große Regentin erinnern in der lebhaften Industriestadt vor allem die prachtvollen Fassaden des Colegio de San Gregorio und der Kirche San Pablo. Die überreiche platereske Fassadendekoration wird bis heute als »isabellinischer Stil« gefeiert.

Fünf Jahre nach der heimlichen Hochzeit der Halbschwester zu Valladolid stirbt König Enrique. Isabella muß erneut um die Thronrechte kämpfen. Doch der Cortes und die Mehrheit der Granden stehen hinter ihr. Die 23jährige tritt ein schwieriges Erbe an. Kastilien, das Land der Kastelle mit den kargen steinigen Böden, ist ein armes Königreich. Mancher Erzbischof hat jährlich mehr Einkünfte, als dem gesamten Staatshaushalt der Krone zur Verfügung steht. Ohne Wissen ihres Gatten Fernando, der gerade um das Roussillon kämpft, läßt sie sich kurzerhand in Segovia zu Königin krönen. Fernando ist mehr als konsterniert über die Entschlußfreudigkeit seiner Gattin.

Wie ein steinernes Schiff, das in der Hochebene verankert liegt, erscheint Segovia aus der Ferne. Über dem gelbbraunen Gewürfel der Häuser gluckt die alles beherrschende Kathedrale. Jäh ragt die Burganlage des Alcázar auf einem steilen Felsen auf. An einem kalten Dezembertag des Jahres 1474 reitet Isabella im Prunkgewand den kurzen Weg von der Burg zur Krönung auf der Plaza Mayor vor der Hauptkirche. Heute sitzt man hier in der späten Abendsonne bei einem Glas Bier zum Feierabend. Ein Polizist dreht seine Runden um den Musikpavillon, Kinder rennen herum und scheuchen die Tauben auf. Die Unesco hat die uralte kastilische Stadt zum Weltkulturerbe erklärt. Es gibt viel zu tun, um die fast zwanzig romanischen Kirchen und die Altstadtgassen mit ihren vielfältigen Fassadendekorationen zu erhalten. Das riesige römische Aquädukt ist derzeit zur Restauration eingerüstet.

Während Isabellas Regentschaft hat der Hof keinen festen Standort, keine Hauptstadt, kein repräsentatives Schloß. Jedes ihrer fünf Kinder kommt an einem anderen Ort auf die Welt. 1492 wird das »Jahr der Wunder«, der Höhepunkt der Macht Isabellas. Anfang Januar fällt das letzte maurische Königreich von Granada. Die christliche Rückeroberung ist abgeschlossen. Als Kolumbus 1492 aufbricht, um den westlichen Seeweg nach Indien auszukundschaften, entdeckt er einen bis dahin unbekannten Kontinent. Spanien wird zur Großmacht, die die halbe Welt umspannt. Doch die großen politischen Entscheidungen fallen in heute unbedeutenden kastilischen Provinzorten. So etwa in Tordesillas, längst ein kleines Nest von gemütlicher Bedeutungslosigkeit am Ufer des Río Duero. Hier einigen sich nach einem Schiedsspruch Papst Alexanders VI. die Kolonialreiche Spanien und Portugal über die Aufteilung ihrer Einflußsphäre in der neuen Welt. Im gleichen Jahr deklariert der Heilige Vater Isabella und Fernando zu »Katholischen Königen«, ein Titel, der niemals vorher oder nachher vergeben wurde. Hier in Tordesillas wird Isabellas Tochter Juana, genannt »die Wahnsinnige«, 46 Jahre von ihrem Vater Fernando und später von ihrem Sohn Karl V. eingesperrt und an der legitimen Regentschaft gehindert. Nach dem Tod der beiden älteren Geschwister hätte die Krone ihr gehört.

Vom Verlust des einzigen Sohnes Juan, der neunzehnjährig nach kurzer Krankheit stirbt, erholt sich Königin Isabella nur schwer. In der noch heute von Mauern und Türmen fest gegürteten, rauhen Stadt Ávila wird er in einem pompösen Mausoleum im Kloster Santo Tomás beigesetzt. Joch und Pfeilbündel, die Wappenbilder der katholischen Könige, schmücken die Fassade. Im gleichen Gotteshaus wird Tomás de Torquemada zum Großinquisitor ernannt. In Spanien ist die Zeit des toleranten Zusammenlebens verschiedener Kulturen und Religionen für immer vorbei.

Von Tordesillas ist es auf der Autobahn gerade ein Viertelstunde Fahrt bis nach Medina de Campo, dem Sterbeort Isabellas. Mächtig ragen die Mauern des Castillo de la Mota auf, dem Lieblingssitz der Königin, die hier ihre letzten Stunden verbrachte. Das beschauliche Städtchen war einst ein bedeutendes internationales Handelszentrum. »Wenn die Bank von Medina wackelt, wackelt die Bank der Welt«, war ein Spruch aus ruhmreichen Tagen. Heute künden nurmehr ein paar prächtige Adelspaläste und gewaltige Portale vom einstigen Glanz. Ein Jeansladen hat sein Schaufenster mit einem Joch dekoriert, dem Symbol von Isabellas Königsmacht. Neben dem Denkmal der sparsamen Regentin hat sich ein Bettler aus dem fernen Köln niedergelassen und erweicht die Herzen der Passanten mit einer Klage über die deutsche Knausrigkeit in perfektem Kastilisch.

An klaren Tagen ist Madrigal de las Altas Torres, der Geburtsort Isabellas, vom Bergfried des Castillo zu erkennen.

Hoheitlich abgestiegen

Burgen, Paläste und Klöster – die spanischen Paradores

Gewaltige Mauern ragen in den blankblauen Himmel auf. Hoch über der uralten kastilischen Stadt Sigüenza wacht eine Festung aus dem 12. Jahrhundert. Noch vor rund dreißig Jahren war der maurische Alcázar eine Ruine, kaum mehr als ein Steinbruch. Dann kamen die Restauratoren, fügten die Quader neu, setzten bleiverglaste Fenster in Kemenaten. Es folgten die Möbelträger, schleppten weinrote Ledersessel und nachtblaue Sofas in den Thronsaal mit den riesigen französischen Kaminen. Statt Burgfräuleins kamen Zimmermädchen, statt Junkern nun Kellner und Köche. Heute kann der Reisende hier wohnen wie einst der hiesige Doncel, jener legendäre Edelknappe, der einst als junger Ritter kurz vor Ende der Reconquista in der Schlacht um Granada fiel. Sein Grabmahl in der nahen Kathedrale zeigt ihn in anmutiger Pose in die Lektüre eines Stundenbuchs versunken. Das mächtige Kastell aber, im 14. Jahrhundert von Bischof Girón de Cisneros erweitert, ist heute kein Bollwerk mehr, sondern ein Hotel: ein *Parador* nämlich.

Alfons XIII. war ein glückloser König, dem es nicht gelang, seine Krone gegen Generäle, Anarchisten und wachsende soziale Spannungen zu verteidigen. Aber vielleicht hatte seine Majestät ja auch nur den Beruf verfehlt. Die Monarchie lag schon in den letzten Zügen, als Hoheit auf die Idee kommt, das ganze Land mit einer Kette von gediegenen Herbergen zu überziehen. 1928 wird der erste *Parador* in der Sierra de Gredos eröffnet. Heute umfaßt die Kette der *Paradores* rund sieben Dutzend Häuser im längst wieder königstreuen Spanien. Ein großer Teil der Staatsgasthöfe sind in Schlössern, Klöstern und trutzigen *Castillos* untergebracht.

Spaniens staatliche Paradores machen es dem Reisenden leicht, das Land auch jenseits der Küsten gediegen und genießerisch zu erkunden. Als die *Paradores* vor mehr als siebzig Jahren »erfunden« wurden, verfügte Spanien noch über ein äußerst archaisches Straßennetz. Vielleicht liegt es daran, daß das Netz der hochherrschaftlichen Unterkünfte erstaunlich eng geknüpft ist. Oft liegen nur fünfzig oder sechzig Kilometer zwischen den Häusern. Heute sind Spaniens Autowege überaus gut ausgebaut. Die geringen Entfernungen von *Parador* zu *Parador* werden so für den Reisenden zur Einladung, sich Zeit zu lassen. Selbst mit dem Fahrrad könnte man so bei hinlänglicher Kondition von einer schönen Herberge zur anderen strampeln. Gerade weil die Strecken so kurz sind, findet man Zeit, über Nebenwege zu trödeln, jeder Verlockung nach einer Sehenswürdigkeit seitab nachzugehen und die Siesta im Schatten eines Baumes zu halten; eine Aufforderung zur Langsamkeit und Gründlichkeit also. In Zentralspanien, wo die Städtchen und Dörfer am Nachmittag wie verlassen wirken, kein Mensch auf der Straße ist, kein Museum und Geschäft aufhat, kommt diese geruhsame Art der Fortbewegung dem Besucher sehr entgegen.

Manche der *Paradores* liegen in einsamster Natur, andere inmitten einer historischen Altstadt. In Cáceres zum Beispiel wähnt man sich als Komparse eines Historienfilms, wenn man das Pfadfinderspiel auf der Suche nach dem kleinen Adelspalast in den mittelalterlichen Gassen endlich bewältigt hat und von der Ritterrüstung neben der Rezeption begrüßt wird. Und vielleicht weil der überaus pittoreske Ort mit seinen zahllosen Storchennestern an einer alten römischen Handelsstraße liegt, ist im lauschigen Garten ein purpurrotes Zelt aufgestellt, wo man sich beim Dinner wie ein lateinischer Feldherr fühlen darf.

Charles de Gaulle hatte den kleinen *Parador* von Jarandilla de la Vera in der Extremadura zu seinem Lieblingsdomizil in Spanien erkoren. Der kleine Schloßpalast der Grafen von Oropesa aus dem 15. Jahrhundert schmiegt sich an die Ausläufer der Sierra de Gredos, ist umgeben von Kastanien- und Eichenwäldern. Im Tal der Vera ackern die Bauern im späten Licht. Würzige Duftschwaden des in riesigen Scheunen trocknenden Tabaks wehen manchmal bis über die Mauern. Auch Karl V., in Spanien als Carlos I. bekannt, hat in der stimmungsvollen Burg über mehrere Monate logiert, bevor er in seinen nahen Altersruhesitz im Kloster Yuste umzog.

Sein Wappen prangt noch immer neben der von Rosen umwucherten Pforte des *Paradors*. Wunderbare Draperien aus Seidenmoiré zieren die Gemächer der an ein Dornröschenschloß erinnernden Herberge. Dauernd ist man versucht, die schweren Stoffbahnen in Indischrot und Königsblau mit goldenen Sternen zu befühlen, ihre wellenförmige Musterung nachzutasten. Eine solche Herberge ist eine Verführung der Sinne. Wenn die Dämmerung kommt und man in den Rattansesseln des Patios am Aperitif nippt, lärmen die Vögel im Efeu, das sich an den Burgmauern hochrankt. Zur blauen Stunde werden die Palastmauern zu schwarzen Schattenrissen, die den Hof mit den blaßlila Hortensien und dem leise murmelnden Brunnen mit sicherer Wehr umschließen. Auf einmal spürt man genau, daß das Wort Geborgenheit eine Verwandtschaft mit »Burg« hat.

Bei uns hat es eine Weile gedauert, bis wir Zugang zu den *Paradores* fanden. Das erste Mal, lang vor dem Zeitalter der Kreditkarten, hatten wir genügend Geld vom schmalen studentischen Konto abgehoben, um uns in den wehrhaften Mauern eines einstigen Bergfrieds einzumieten. Zehn Kilometer vor Erreichen des Ziels blieben wir mit Motorschaden liegen und mußten das Budget für die Reparatur des Wagens verwenden. Wir übernachteten auf dem örtlichen Campingplatz.

Beim zweiten Versuch standen wir immerhin schon an der Rezeption einer dieser noblen Staatsherbergen, hatten aber ein paar Peseten zu wenig dabei. Wir schliefen für einen lächerlichen Obolus nur wenige Schritte entfernt in einer eigentlich seit Jahren geschlossenen Familienpension, die etwas von einem Spukschloß hatte. Vom Balkon blickten wir über die kleine Stadt, letzte wichtige Etappe auf dem Pilgerweg nach Santiago. Weil aber etwas zu feiern war, haben wir im *Parador* wenigstens zu Abend gegessen. Wir waren die einzigen Gäste, eine Riege von Kellnern in grauer Uniform bewachte uns, wodurch wir uns im gediegenen Ambiente reichlich befangen fühlten. Die Küche jedenfalls war ausgezeichnet.

Das altvordere Grau des Personals, das mit dem einst abgeschabten Dekor des Geschirrs unwillkürlich an Ostblock-Grand-Hotels denken ließ, gibt es indes nicht mehr. Inzwischen kommen Kellnerinnen und Ober in farbenfroher und folkloristischer Tracht wie die volkstümlichen Figuren, die Majas und Majos auf frühen Goyas daher. Auch anderer Unbill hat sich gelegt. Während es einem vor Jahren noch passieren konnte, daß man von den Staatsdienern an der Rezeption kaum begrüßt wurde und die Bedienung einen freundlich vorgetragenen Wunsch mit dem Blick eines indignierten Granden quittierte, hat die vor Jahren heftige – und inzwischen vorerst ausgestandene – Diskussion um eine mögliche Privatisierung den Angestellten wohl einen solchen Schrecken eingejagt, daß man mittlerweile mit dem Service durchaus zufrieden sein darf. Manchmal wird einem sogar ein Blumenstrauß oder ein Arrangement von

Früchten der Saison zur Begrüßung ins Zimmer gestellt. Das Konzept, historisch bedeutende Gebäude vor dem Verfall zu retten und mit Gästen zu beleben, soll weiter ausgebaut werden. Rund fünfzehn *Paradores* werden in den nächsten Jahren dazukommen und das gute Hundert vollmachen.

Reisen heißt, das »Leben erfinden«, hat Luis Rosales einmal geschrieben. Wer kennt es nicht, das aufgekratzte Gefühl des Ortswechsels, die Beglückung, eben bei grauem Himmel in ein Flugzeug gestiegen zu sein und einen Wimpernschlag und zwei Glas Sekt später in lauer Luft die Gangway hinunter zu schlendern, gierig nach Unbekanntem und Schönem, fremden Wortfetzen und Zigarettenmarken. Die erste Nacht im fremden Land ist noch immer etwas Besonderes. Der eben noch abenteuerlustige Reisende will es gut haben, wenn er das Haupt zur Ruhe bettet. Er ist dankbar für das Lächeln des Portiers, für ein freundliches Willkommen an der Rezeption, für die fürsorgliche Geste, mit der das Zimmermädchen das Bett aufschlägt. Um so schöner, wenn man die erste Nacht in fremden Federn unter einem scharlachroten Baldachin verbringt wie einst der *Conde* höchstselbst, den Bauch mit ritterlichem Spießbraten und fürstlichem Roten gefüllt.

Unsere erste Übernachtung in einem *Parador* erlebten wir auf den Spuren Don Quijotes in der Mancha in einem ehemaligen Kloster aus dem 16. Jahrhundert in Almagro. Insgesamt vierzehn Innenhöfe zählt die einstige fromme Franziskanerunterkunft. Und während wir uns genau merken mußten, an welcher Heiligenfigur oder Ritterrüstung wir abzubiegen hatten, um zu unserem Zimmer zurückzufinden, sauste unsere fünfjährige Tochter mit traumwandlerischer Sicherheit durch die Gänge und Patios, scherzte mit der hauseigenen Spitzenklöpplerin und fühlte sich im ehrwürdigen Ambiente wie zu Hause. Manierlich wie eine Infantin saß die Tochter im Speisesaal, ließ sich die Kinderkarte übersetzen und gab kund, ihrerseits später »nur in solche Hotels« zu gehen. Wir fragten sie, was sie damit meine. »Ein Hotel ist eine Halbheimat in der Ferne«, erklärte das Kind, »deshalb muß es schön sein.«

Die Suche nach den Riesen

Auf den Spuren Don Quijotes durch die Mancha

> *»Als er nun mit seinem Verstand zu Ende gekommen war, verfiel er auf den seltsamsten Gedanken, den jemals ein Narr gehabt hat, denn es erschien ihm nützlich und nötig sowohl zur Vermehrung seiner Ehre als zum Besten seines Landes, ein fahrender Ritter zu werden und mit Rüstung und Pferd durch die ganze Welt zu ziehen, um Abenteuer zu suchen und alles das auszuüben, was er von fahrenden Rittern gelesen hatte …«*
>
> CERVANTES, »Don Quijote«

Schnurgerade läuft die Piste durch die weite Ebene. Die Felder sind bereits abgeerntet, die Wildblumen in den Chausseegräben verblüht. Eisenrote Erdschollen buckeln auf frisch gepflügten Feldern, die mit kantigen Findlingen gespickt sind. Ein Regenschauer entlädt sich über dem nackten Land.

»En un lugar de la Mancha«, irgendwo in der Mancha also, läßt Cervantes seinen Ritterroman beginnen und stellt somit von Anfang an klar, daß er den Leser auf eine Irrfahrt mitnimmt, für die La Mancha, jenes endlose Flachland in Spaniens Mitte, allenfalls als Kulisse des Verwirrspiels um Realität und Fiktion dient. Ein weitblickender schriftstellerischer Kunstgriff, aufgrund dessen »alle Flecken und Dörfer in La

Mancha miteinander streiten können, [Quijote] zu dem ihrigen zu machen, wie die sieben Städte Griechenlands um den Homerus stritten«, wie Cervantes schalkhaft bemerkt. Hat er vorausgeahnt, daß vierhundert Jahre später Reisende mit der schweren Schwarte in der Hand auf den Spuren seines tragikomischen Helden zu wallfahren versuchen?

In Tembleque, eine Autostunde südlich von Madrid, beginnt die Mancha. Das Provinznest schmückt sich mit einer imposanten Plaza Mayor. Die Arkadenhäuser umstehen ein Geviert aus gelbem Sand, das bei Bedarf zur Stierkampfarena umfunktioniert wird. Abends bei Stockfisch und einem einfachen Roten in der Kneipe füllt sich der Saal mit Landarbeitern aus den Dörfern der Umgebung.

»Es streifte das Alter unseres Junkers an die fünfzig Jahre, er war von starker Konstitution, hager am Leibe, dürr im Gesicht, ein eifriger Frühaufsteher und Freund der Jagd.« Es gibt heute weit mehr dralle, lebensfrohe Sancho Pansas als dürre Ritter von der traurigen Gestalt, wie sich leicht in den Kneipen beobachten läßt. Stimmen schwirren. Man gabelt eifrig *tapas* und bestellt noch eine *copita* dazu. Don Quijote dagegen hat oft hungern müssen, entweder, weil der Schnappsack leer und keine Barschaft vorhanden war, oder weil sein Helm aus einem recycelten Barbierbecken zu straff ums Kinn geschnürt war, und er die Zähne nicht auseinanderbekam.

»Das Glück betreibt unsere Sache besser, als

wir es nur wünschen konnten, denn siehe, Freund Sancho, dort zeigen sich dreißig oder noch mehr ungeheure Riesen, mit denen ich eine Schlacht auszufechten gesonnen bin.« Am anderen Morgen strahlt die Sonne von einem blanken, dunkelblauen Himmel. In Mota del Cuervo sehen wir die ersten Windmühlen. Im prallen Mittagslicht stehen sie hübsch renoviert, aber mit skelettösen, unbespannten Flügeln auf einer Anhöhe. Das einzige Tuch, das sich bläht, ist der Schleier einer jungen Braut, die mit ihrem Angetrauten und dem Fotografen hier herauf spaziert, um sich vor den vermeintlichen »Riesen«, die Quijote tapfer bekämpfte, ablichten zu lassen. Cervantes hat die windumbrausten Hügel der Mancha zu einer emblematischen Landschaft gemacht, die selbst ein Brautbild adelt.

»En un lugar de la Mancha« … Cervantes unbestimmte Verortung, die nur mit wenigen beim Namen genannten Dörfern auskommt, erweist sich heute als touristischer Glücksfall. Denn dank diesem »irgendwo in der Mancha« kann sich jeder noch so unbedeutende Weiler einbilden, die Heimat des unsterblichen Romanhelden zu sein.

Folgt man dem mannshohen blechernen Reiter auf seinem Pferd Rosinante, mit dem sich die »Ruta de Don Quijote« ausweist, so gelangt man bald nach Puerto Lápice, wo sich unser Held zum Ritter schlagen ließ. »Dort, meinte Don Quijote, müsse es mancherlei Abenteuer geben, weil es ein vielbegangener Weg sei.« Puerto Lápice gibt es also wirklich, auch die lauschige Plaza mit ihren ochsenblutroten Holzgalerien ist keine Einbildung, doch das Dorf hat weder einen Hafen noch eine Paßhöhe – eine weitere Bedeutung aber hat das Wort »puerto« im Spanischen nicht. Hat sich Cervantes dieser Absurdität bedient, um hier die Phantasie seines Ritters endgültig entgleisen zu lassen? Die einfache Schenke wird für ihn zum Adelspalast, die dreisten Mägde zu Edelfräulein. Die »Venta de Don Quijote« an der Hauptstraße präsentiert sich geschäftstüchtig als angeblicher Schauplatz des Geschehens. Weit urtümlicher erscheint die »Bar Puerto«, in der die alten Männer abwechselnd einen Zug an den schwarz qualmenden Ducados und am Rotweinglas nehmen und hoffen, daß noch irgendetwas von Bedeutung geschehen möge, das die zähen Stunden des Nachmittags schneller verrinnen ließe.

Don Quijote wurde die Zeit bei seinen Abenteuern nicht lang. Er hatte »den ehrenvollen Entschluß gefaßt, den erloschenen und gleichsam erstorbenen Orden der fahrenden Ritterschaft zu erwecken und der Welt zurückzugeben.« Eines schönen Tages verläßt er Haus und Hof und die Seinen. Es kümmert ihn nicht, was mit seinem Besitz, seinen Ländereien geschehen mag. Manisch beseelt von seiner Berufung, zieht er von einer Rauferei zur nächsten und läßt sich auch von herausgeschlagenen Zähnen und gebrochenen Rippen nicht verdrießen. Er ist ein Aussteiger, reist ohne Geld und Gut als notorischer Zechpreller und Aufschneider. Quijote verhält sich in der Gegenwart des 16. Jahrhunderts, das längst das Schwarzpulver erfunden hatte, wie ein fahrender Ritter aus dem Hochmittelalter, dem Lanze und Schild genug sind, für seine Ideale zu fechten.

»Wie nun unserem Abenteurer alles, was er dachte, sah oder sich einbildete, so erschien und sich zutrug wie er es gelesen hatte, so kam es ihm sogleich, als er die Schenke sah, vor, dies sei ein Kastell mit vier Türmen, mit silberglänzenden Zinnen, mit Zugbrücke und Burggraben nebst allen übrigen Dingen, mit denen dergleichen Kastelle ausgestattet werden.«

Beinahe glaubt man einer quijotesken Fata Morgana zu erliegen, als das gewaltige Kastell auf einem kahlen Bergrücken näherkommt. Doch Schloß Belmonte ist durch und durch echt und läßt sich sogar besichtigen. Kunstvolle Holzarbeiten im Mudéjarstil schmücken das Castillo. In dem mit Rundtürmen und zinnenbewehrten Mauern aus dem 15. Jahrhundert umschlossenen dreieckigen Burghof glaubt Don Quijote niemand anderem als sich selbst zu begegnen. Hier versucht sein als »Spiegelritter« verkleideter Freund Sansón Carrasco den rastlosen Ritter zur Vernunft zu bringen. Die therapeutische Mission mißlingt gründlich. Sansón will den närrischen Freund im Zweikampf besiegen und als geschlagenen Ritter nach Hause schicken. Quijote, der notorische Verlierer, geht aber ausgerechnet aus diesem Kampf siegreich hervor, gilt es doch Dulcineas Ehre zu verteidigen, von der der Spiegelritter behauptet, ein Zauberer habe sie in eine ganz normale Bauernmagd verwandelt. Zu jedem fahrenden Ritter gehört eine umschwärmte Edeldame. Don Quijote weiß es also besser. Dulcineas Schönheit »ist übermenschlich ..., ihr Haar ist golden ... ihre Augen Sonnen, ihre Wangen Rosen, ihre Lippen Korallen, Alabaster der Hals ...«.

El Toboso ist die Heimat der Angebeteten unseres Ritters. Vergeblich versucht sein Knappe Sancho Pansa, ihn mit der Realität zu konfrontieren und mit Dulcineas ganz realen Vorzügen vertraut zu machen. »Beim Geber alles Guten, das ist eine tüchtige Dirne, schlecht und recht, hat Haare auf den Zähnen und kann jedem jetzt oder in Zukunft fahrenden Ritter, der sie zur Gebieterin erkiest, was zu raten aufgeben.« Don Quijote ist nicht zu überzeugen. Mitten in der Nacht erreichen sie das Dorf der Dame seines Herzens und prallen im stockdunklen Ort fast gegen den Kirchturm, den der Ritter sofort zur stolzen Festung seiner Gebieterin deklariert. Auch El Toboso ist kein Hirngespinst, vielmehr das vielleicht hübscheste Dorf der Mancha, das freilich heute nur noch etwa die Hälfte der Einwohner hat wie zu Cervantes' Zeit. Die hier wie überall in der Mancha obligate »Calle de Miguel Cervantes« führt zu dem ganz realen Haus einer nur erfundenen Person. Mit strenger Miene verbietet die Wächterin über Dulcineas Anwesen das Fotografieren. Hätte eine Aufnahme des pittoresken Inventars beweisen können, daß alles nur Spiegelfechterei ist, vom Himmelbett bis zu den blank polierten Kohlebecken? Doch das Haus mit der zeitgenössischen Ausstattung aus dem 16. Jahrhundert gehörte in Wirklichkeit jener Ana Zarco, die Cervantes zu der Figur der Dulcinea inspiriert haben soll.

Draußen stehen der Ritter und seine Herzdame in Eisen gegossen als modernes Denkmal im gleißenden Mittagslicht. Zwei Schritte trennen sie, und für einen Augenblick kommt dem Betrachter der absurde Gedanke, daß sie sich vielleicht in Fleisch und Blut verwandeln würden, könnten sie diese lächerliche Distanz überwinden, hätte man sie nicht auf den Sockeln für immer festgeschweißt. Gegenüber befindet sich die »Biblioteca Cervantina«, die eine umfangreiche Sammlung Quijote-Ausgaben ausstellt. Kunstvolle chinesische, persische und in Sanskrit gedruckte Exemplare der Geschichte eines philosophischen Narren sind darunter. Prominente Leser haben mit gravitätischem Schwung ihr Leseexemplar abgezeichnet: Adolf Hitler und Alec Guinness, Mitterrand und Mussolini, Juan Perón, Ronald Reagan, der Kronprinz der Niederlande, der spanische König höchstselbst. Nur das Buch mit der Unterschrift Stalins ist auf ungeklärte Weise abhanden gekommen. Draußen sind Zitate aus dem Buch in ehernen Lettern oder als Keramiktafeln auf weiß geschlämmte Hauswände aufgebracht. »Sprich mit Respekt, Sancho!« mahnt eine Inschrift, als sollten mit den Worten des Ritters auch heutige Zweifler zur Ordnung gerufen werden.

Wieder führen wie mit dem Lineal gezogene, leere Straßen über das weite, offene Land, das zu Cervantes Zeit noch mit dichten Wäldern bedeckt war. Im Sommer ist die Ebene eine glühende Bratplatte mit Luftspiegelungen über der Asphaltpiste, mit grellgelb wogenden Getreidefeldern, Weinstöcken in endloser Symmetrie und einem Himmel wie geschmolzenes Glas. Der Winter ist oft bitter kalt. Nur der Herbst ist erträglich, wenn keine Hitze mehr lastet, und die eingebrachte Ernte gefeiert wird, der Frühling mit seinen Maifesten, mit Klatschmohn und Margeriten in den Chausseegräben, beinahe schön. Haufendörfer aus Lehm und Kalk, eines wie das andere, sind durch Straßenadern verbunden. Der Storch auf dem Kirchturm ist in manchem Weiler die einzige Attraktion.

Cervantes' Don Quijote mit seiner topographischen Vagheit ist dem Reisenden wenig Hilfe bei seiner Spurensuche. Auch Landschaftsbeschreibungen wird man in dem dicken Wälzer vergeblich suchen. Nichtsahnend wird man daher von der Schönheit der Lagunas de Ruidera überwältigt, von denen es bei Cervantes heißt, es seien die vom Zauberer Merlin entführten und verwandelten Kinder einer Dame von Adel. Mehr als ein Dutzend blaugrüner klarer Seen reihen sich aneinander. Eisvögel sirren vorbei, Reiher staken im Flachwasser. Nahebei findet sich die Höhle des Montesinos, wo Quijote von unterirdischen Kristallpalästen und orientalisch anmutenden Jungfrauen halluziniert.

Zwischen den bizarren phantasieanregenden Steingebilden hausen heute die Fledermäuse.

In der Pfarrkirche San Juan in Argamasilla de Alba hängt noch immer das Bildnis jenes geisteskranken Don Rodrigo Pacheco, der das Vorbild für den Don Quijote abgegeben haben soll. Wer sich auf die Suche nach dem mutmaßlichen Cervantes-Kerker macht, wird in den Innenhof des örtlichen Kulturhauses gelassen und bekommt die Tür zu einem Gewölbe aufgeschlossen: Eine mit Strohteppich ausgelegte Nische, grober Tisch nebst Bank und Hocker mit Fellbezug. An der Wand Barbierbecken, Lanze und Schwert à la Quijote. Die urige Kartause erweckt die gleichen Zweifel wie das Haus der Dulcinea. Wahr ist jedenfalls, daß Cervantes ins Gefängnis wanderte, nachdem man ihn der Veruntreuung von Staatsgeldern für schuldig befand. In der Haft schreibt er ungebrochen an der über tausend Seiten starken Abenteuerei des Don Quijote. Cervantes Lebenslauf ist ein Drama von Verwundung, Verstümmelung, Verschleppung, beruflichem Scheitern, Armut und Krankheit. Ausgerechnet dieser notorische Verlierer schreibt den ersten »richtigen« Roman überhaupt, die tragikomische Geschichte des eingebildeten Ritters, dem keine Niederlage den Mut und den Glauben an hehre Ideale nehmen kann.

Auch Almagro findet im Roman keine Erwähnung, obwohl es hier genug echte Adelspaläste gibt, die Quijote dagegen eher in irgendwelchen heruntergekommenen Schenken erblickt. Almagro ist ein überaus properes Landstädtchen mit einer ehemaligen Universität und einem heute noch benutzten, malerischen Theater aus dem 16. Jahrhundert, dem »Corral de Comedias«. Die eigentliche Bühne der Stadt aber ist die langgestreckte Plaza Mayor. Wie ein grünweißer Lindwurm ziehen sich die von den Fuggern gebauten Häuserzeilen mit ihren Arkaden und verglasten Galerien am Hauptplatz entlang. In den Bars und Cafés sitzt man zum Feierabend bei einer *copita* und *tapas*. Kinder spielen Fußball um die Statue eines Vizekönigs von Chile, der ebensogut ein Quijote sein könnte. Ein historischer *Parador* in einem Franziskanerkloster bietet gediegene Unterkunft.

»Seht doch, gnädiger Herr, sagte Sancho, daß das, was da steht, keine Riesen, sondern Windmühlen sind, und was ihr für die Arme haltet, sind die Flügel, die der Wind dreht, wodurch der Mühlenstein in Gang gebracht wird.« In Campo de Criptana drängen sich die Windmühlen in dichter Phalanx über dem Dorf. Wo Don Quijote gegen imaginäre Monstren kämpft, trifft sich die Landjugend zum Sonnenuntergang mit Panoramablick und Dosenbier. Wer heute etwas hermachen will, kommt nicht mehr auf einem Klepper, sondern braust mit der Stärke ganzer Pferdeherden unter der Motorhaube zum Mühlenhügel, um es seiner Dulcinea zu zeigen. »Don Quijote, wir lachen nicht mehr über ihn … Er steht für alles, was edel ist und hilflos, rein, selbstlos und ritterlich«, echot Vladimir Nabokov.

Es regnet wieder. Ein Guß nach dem anderen trommelt auf das Wagendach. Riesige quecksilberne Wolkenungetüme ringen am dunkel dräuenden Himmel, reißen sich gegenseitig die Seiten auf, raufen wie Riesen am Horizont.

»Es scheint wohl, antwortet Don Quijote, daß du in Abenteuern nicht sonderlich bewandert bist, es sind Riesen, und wenn du dich fürchtest, so gehe von hier und ergib dich in einiger Entfernung dem Gebete, indes ich die schreckliche und ungleiche Schlacht mit ihnen beginne.«

Miguel de Cervantes Saavedra wird 1547 in Alcalá de Henares geboren und stirbt 1616 – im gleichen Jahr wie Shakespeare – in Madrid. Der Sohn eines wenig begüterten Wundarztes besucht nie eine Universität und verdient sein Geld als Soldat. In der Schlacht von Lepanto wird er an der linken Hand verstümmelt, gerät in algerische Gefangenschaft, aus der er freigekauft wird. Seine Schriftstellerkarriere beginnt im Gefängnis. Zu Cervantes' Zeit hatte es ein Romancier nicht leicht. Bis dato gab es in der Dichtung nur gute versus böse Charaktere, Sünder und Fromme etwa. Doch Quijote ist Heiliger und Narr in einer Person. Humor und Tragikomik aber sind der Inquisition ein Dorn im Auge, weil solche Lektüre die Unterhaltung über die Belehrung und die Zerstreuung über die Andacht stellt. Noch zu Lebzeiten Cervantes' wird das Buch ein Bestseller, inzwischen ist es in siebzig Sprachen übersetzt. Der zeitlose Klassiker Don Quijote wird als Thema in Literatur, Kunst und Musik immer wieder aufgegriffen. Goya, Picasso und Dalí haben sich des Helden ebenso angenommen wie Telemann, Thomas Mann, Vladimir Nabokov und Erich Kästner. Mit großem Vergnügen verfolgen noch heute Vorschulkinder die Zeichentrickserie über den fahrenden Ritter und seine Erlebnisse im Fernsehen.

Zum Abtanzen in die Kapelle

Schlaflos in Salamanca

Es ist weit nach Mitternacht, aber in der Kapelle herrscht noch immer Hochbetrieb. Der Mann auf der Kanzel setzt sich den Kopfhörer auf und hört schon mal in den nächsten Song rein. Ein Choral wird es nicht sein, soviel ist sicher. Auch der Kollege auf der Empore verwandelt kein Wasser in Wein, sondern mixt Cocktails für die Gemeinde. Anstelle von andächtig wandelnden Meßdienern tanzen drei Schönheiten im Altarraum wie auf einer Bühne. Das »Camelot« in einer ehemaligen Klosterkapelle ist einer der angesagtesten Tanztempel in der Altstadt von Salamanca.

Nichts haftet Salamanca, das sich 2002 mit dem belgischen Brügge Kulturhauptstadt Europas nennen darf, so beharrlich an wie das Klischee der Altehrwürdigkeit. Die Provinzkapitale im Westen Kastiliens sei vor allem eine Stadt der Kirchen, heißt es immer wieder, ein museealer Ort des Glaubens ebenso wie der Wissenschaften. Nun fehlt es in Salamanca weiß Gott nicht an Kirchen und Klöstern, sogar Kathedralen gibt es hier im Plural, denn man hat gleich zwei davon. Doch Salamanca war und ist vor allem eine Studentenstadt. 1218 wurde die hiesige Universität als erste Spaniens und vierte Europas gegründet. Noch heute sind knapp ein Viertel der 160.000 Einwohner Studenten.

Salamanca hat praktisch keine Industrie. »Wir produzieren ausschließlich Akademiker«, sagt Stadtführerin Inés. Achtzig Prozent des erwirtschafteten Einkommens der Stadt stammt aus dem universitären Umfeld. Die Akademien schaffen jede Menge Arbeitsplätze: Hausmeister, Köche, Putzkräfte und Wäscherinnen in den Studentenheimen, Sekretärinnen für die Fakultäten, Assistenten für die Professoren. Viele Familien verdienen sich ein Zubrot mit der Vermietung von Zimmern. Allein der Nightlife-Umsatz der Kommilitonen beträgt pro Woche rund 450.000 Euro.

Der Abend beginnt in aller Regel einen Steinwurf außerhalb der einstigen Stadtmauern im »Van Dick«, wie sich die den niederländischen alten Meister verballhornende gleichnamige Gasse in der Nähe des Kinokomplexes »Cines Van Dyck« nennt. Die Wirte der zahllosen kleinen *tascas* kennen ihre Pappenheimer. Fast jeder Gast bestellt ein *corto de cerveza,* ein winziges Bierchen mit obligatem Häppchen im Set für rund einen Euro. Die *tapas* sind hier alles andere als knapp bemessen, schließlich sollen sie das Abendessen ersetzen.

Die Studenten vergangener Jahrhunderte mußten sich mit weit bescheidenerer Verpflegung begnügen. Zwar war offiziell ein ganzes Pfund Fleisch pro Tag zur Verköstigung der angehenden *Doctores* vorgeschrieben, doch die Pensionswirte waren so knausrig, daß sich mancher Student eine Konzession als Bettler besorgte, um wenigstens eine Option auf die Armensuppe an den Klosterpforten zu haben.

Hat man sich hinreichend durchgefuttert und den neusten Film gesehen, geht es durch die tagsüber als trendige Shoppingmeile angesagte Calle Zamora in die Altstadt. Unweit der berühmten, riesigen Plaza Mayor, im Bermudadreieck zwischen den Gassen Bordadores, Las Úrsulas und der Plaza de Monterrey, trifft man sich nun in Disco-Pubs wie dem »Niebla«, dem »Gatsby« oder dem »Cum Laude«. Ab Mitternacht füllt sich die Tanzfläche, gegen drei Uhr kocht die Stimmung. Um fünf Uhr schließen die meisten der hiesigen Adressen, doch das macht nichts, denn das »Morgana« macht erst um halb acht die Pforten dicht. Auch das ist kein Grund zur Traurigkeit, denn nun geht es auf das am Río Tormes vertäute Discoschiff »Ciudad de Salamanca«. Wenn der dortige DJ um zehn Uhr morgens Feierabend hat, beginnen die Vorlesungen an der Uni. »Alles in allem ist Salamanca rund um die Uhr von Leben erfüllt«, heißt es wahrheitsgemäß im offiziellen Kulturhauptstadtprospekt des »Consorcio Salamanca 2002«.

Natürlich ist der Univerwaltung das schlaflose Leben der Studenten ein Dorn im Auge. Von Zeit zur Zeit versucht man daher, die Sperrstunde von Kneipen und Bars zu verkürzen, was lediglich dazu führt, daß die Clubs »für Frühaufsteher« erst im Morgengrauen aufmachen und sich das Nachtleben noch weiter in den Vormittag hineinzieht.

Mitnichten allerdings ging es in alten Zeiten

ernsthafter zu, wie die Medaillons mit den obszönen Darstellungen im Patio de Escuelas zeigen. Im Vergleich zu den Studenten früherer Jahrhunderte sind die heutigen Kommilitonen die reinsten Unschuldslämmer. Auch damals wurde die Nacht zum Tag gemacht. Mancher Studiosus käme nicht nach Salamanca, um Recht zu hören, sondern um es zu brechen, klagte man damals. War das Trinkgeld knapp, wurden Diebstähle und Raubüberfälle zur Beschaffungskriminalität für Besäufnis und Beischlaf. Mitte Oktober, am Tag des heiligen Lukas, startete das Studienjahr. »San Lucas, a Salamanca Putas«, hieß es damals, denn mit den Kandidaten zogen die käuflichen Damen zum Semesterbeginn in die Stadt. Vor Beginn der Cuaresma, der vierzigtägigen Fastenzeit, mußten die Prostituierten jedoch alljährlich die Stadt verlassen und auf die andere Seite des Río Tormes ausweichen. Doch die Quarantäne war begrenzt. Am zweiten Montag nach Ostern schwärmten die männlichen Bewohner aus, um sich die Huren wieder zu holen. Den Dienst durften die Damen allerdings erst nach dem Besuch der Heiligen Messe wieder aufnehmen. Der »Lunes de Agua«, mit dem die Sünde in die Stadt zurückkehrte, wird noch heute gefeiert. Der Fleischeslust wird dabei allerdings nurmehr in Form eines familiären Grillpicknicks gefrönt.

Für die losen Sitten von einst waren nicht nur die Studenten bekannt. Ausgerechnet im heutigen Sitz der Provinzregierung, dem Palacio Fonseca, residierte im 16. Jahrhundert die Geliebte des Bischofs höchstselbst. Jahrhundertelang war das Barrío Chino unweit der katholischen Universität die halbseidene Adresse der Stadt. »Chinesen« wohnten hier zwar nie, dafür jedoch Kleinkriminelle und käufliche Damen zuhauf. Gründer eines der ersten dortigen Bordelle soll ausgerechnet Thronfolger Juan, hoffnungsvoller Sprößling Isabellas der Katholischen, gewesen sein. Der von der frommen Frau Mama »mein Engel« genannte Filius war alles andere als ein Kind von Traurigkeit. Es heißt, daß der einzige Sohn der legendären Monarchin an der Syphilis gestorben ist – kurz nach der Hochzeit, blutjung und ohne Erben. Zornig ließ Isabella die Bordelle im Barrío Chino schleifen. Doch die Freudenhäuser wurden fast umgehend neu gegründet. Erst vor wenigen Jahren machten die modernen Stadtväter dem Rotlicht- und Gaunerquartier den endgültigen Garaus. Das Viertel wurde komplett abgerissen, die Bewohner in Siedlungen am Stadtrand zerstreut. Heute findet sich nur noch ein einziges Hurenhaus am Ende der Calle Ancha. Es wird sich nicht lange halten können. Das Milieu ist in sogenannte »Clubs« an der Landstraße umgezogen.

Wo einst die Halbwelt lebte, finden sich heute im traditionellen goldgelben Sandstein gefügte schicke Appartements und das 1992 vom Stararchitekten Juan Navarro Baldeweg erbaute Kongreßzentrum. Der elegante Bau, in dem auch Opern, Theater und Ballett aufgeführt werden, wird einer der Hauptveranstaltungsorte des Kulturjahres sein. Salamanca, dessen Altstadtensemble bereits 1988 von der Unesco zum Weltkulturerbe deklariert wurde, hat für 2002 seine Hausaufgaben gemacht. Alle wichtigen Projekte für das Jubeljahr wie das Zentrum für zeitgenössische Kunst im ehemaligen Provinzialgefängnis oder das Ausstellungszentrum Santo Domingo sind fertig. In der alten medizinischen Fakultät und im restaurierten Teatro Liceo werden weitere Kulturzentren entstehen.

Allem Gesumpfe zum Trotz schaffen die Studenten heute wie damals in aller Regel das Diplom. Nach wie vor wacht der steinerne Frosch an der in plateresker Ornamentik überbordenden Fassade der Uni über das Prüfungsglück der Kandidaten. Nur müssen diese nicht mehr wie einst vor dem Examen eine Nacht in der Kapelle der Uni mit verordnetem Schlafentzug verbringen. Die heutigen Kommilitonen können ausschlafen. Wenn alles überstanden ist, dürfen die frisch gebackenen Akademiker wie einst einen Maler dingen, der ihre Initialen zum Triumph nach uralter Manier in blutroter Farbe auf die Fassade der Fakultät aufbringt. Für das Gloria bei der Prüfungsfeier sorgt dann der DJ im ehemaligen Gotteshaus.

Die Stunde der Katzen

Streifzüge durch Madrid

Strömender Regen, jäh taumelnde Windböen. Bei der Landung gerät die Maschine in den Wasserlachen auf dem Rollfeld ins Schlingern. 12 Grad Außentemperatur, teilt der Bordcomputer mit, bevor die Digitalschrift erlischt.

»Winterwetter!«, schimpft der Taxifahrer. »Und das zu Sommeranfang«. Eine Prognose für die nächsten Tage will er lieber nicht abgeben. Es ist kurz nach Mitternacht, und die Madrider Nachtschwärmer ducken sich unter Regenschirmen. Fledermausgrau huschen die Schemen von Fassaden vorbei. Wie magische Augen leuchten die türkisen Lichtreklamen einer Bankenkette. Auf der Carrera de San Jerónimo lärmt die Müllabfuhr; der Verkehr staut sich dahinter. Die Madrider Stadtreinigung arbeitet mitten in der Nacht, weil am Tag kaum ein Durchkommen ist. Am Morgen regnet es noch immer. Kein seidig blauer Velázquez-Himmel, keine südlich trunkene Gluthitze, die längst zu erwarten wäre. Es ist kühl. Wir ziehen übereinander, was der Koffer hergibt.

An der Plaza de Oriente leuchten die Buchsbäume und Rasenquadrate in fettem Grün. Dahinter dräut in tristem Grau der Königspalast. Die Gemächer nur vom Feinsten: die herrliche Ornamentik des vielfarbigen marmornen Intarsienfußbodens, der blendende Glanz der chinagelben Schabracken, das Leuchten von Porzellan, Vergoldungen und Fayencen. Jedes Detail Kostbarkeit, die ganze Pracht zusammen grell, wie beliebig, kaum anders als wertloser Jahrmarktskitsch. Der Regen hat aufgehört. Es ist ein wenig heller geworden. Quecksilbern spiegeln die Pfützen auf den Steinquadern im Hof des Palastes das Perlgrau des Himmels. Über dem Campo del Moro, dem königlichen Park, hängen Dunstschleier. Pastelltöne, an denen sich das Auge vom Prunk erholt.

Auf dem Rastro, dem sonntäglichen Flohmarkt, hat man die Stände mit Folie überdacht. Angesichts der schon wieder tief hängenden Wolken erscheint der Preis von knapp drei Euro für einen nagelneuen Taschenschirm geradezu als Akt der Nächstenliebe. Natürlich besteht die Mehrzahl der Angebote aus jenen universellen bunten Sommerhosen, billig benieteten Ledergürteln und überall gleichem Tand und Talmi. Nur in den Seitenstraßen liegt noch beliebiger alter Kram ganz unprofessionell auf dem Boden ausgebreitet, oder man bekommt in der Gasse der Tierverkäufer plötzlich ein wolliges Hundebaby in den Arm gedrückt. Kostbare Antiquitäten, vom präkolumbianischen Schwert bis zum Designerkult des Art déco gibt es praktisch ausschließlich in den *galerías*, kleinen Handelshöfen, in denen entsprechende Fachgeschäfte die ganze Woche über zu Diensten stehen.

Der meiste Andrang herrscht am Stand mit den Stierkampfplakaten. Eine lange Schlange steht an, um den eigenen Namen in großen Blocklettern aus einem ambulanten Setzkasten in die freigelassene Zeile zwischen zwei waschechten Matadoren gedruckt zu sehen.

Der Regen setzt wieder ein. Rinnsale laufen die Stufen zur Metro hinab. In den schmucklosen Stationen hängen riesige Plakate: »Hay sequía, ahorre agua!« – »Es herrscht Dürre, spart Wasser!« Regenschirme tropfen kleine Pfützen auf den Bahnsteig. Die Türen der fast pausenlos fahrenden Züge schließen sich mit ohrenbetäubendem hydraulischem Zischen. Als würde ein Geschoß neben einem abgefeuert.

Den späten Sonntagnachmittag verbringen die *aficionados* der *corrida* in Las Ventas. Die Arena von Madrid ist jener Schicksalsort, an dem sich Aufstieg oder Fall eines Stierkämpfers entscheidet. Über zwanzigtausend Menschen fassen die steil ansteigenden Ränge der Arena, die im Mudéjar, einem an maurische Architektur erinnernden Stil, aufgeziegelt und mit Azulejos verziert ist.

Dicht gedrängt sitzt man, den eigenen Rücken zwischen den Knien des Hintermanns eingeklemmt, den des Vordermanns gegen die eigenen Schienbeine gelehnt. Und das in Madrid, wo es als grob unhöflich gilt, sich im Straßencafé auch nur auf einen kurzen *solo* zu einem Fremden an den Tisch zu setzen. Die Ränge füllen sich. Pünktlich auf die Minute beginnt das Ritual, das man als Fremder nur schwer bis in die Einzelheiten versteht. Das Exotische wird so zu einem Spiel der Farben und Klänge: Das bunte Flickwerk tausendfacher Oberbekleidung der Zuschauer auf den Rängen, der gelbe andalusische Sand in der Arena, die Fanfaren zu Beginn. Die Glitzerkostüme der *toreros*, das Bonbonrosa ihrer Seidenstrümpfe, das dunklere Rosé der *capote*. Das dramatische Rot der *muleta*, mit der der Stier zuletzt gereizt wird. Das Blutrot auf dem schwarzen Fell des *toros*. Einen Augenblick vor dem Todesstoß ein zischendes Geräusch aus der Menge, das zu Aufmerksamkeit und Andacht ruft, scharf und laut wie das Zuschnappen der Metrotüren. Die weißen Taschentücher, die den erfolgreichen *matador* grüßen, die Pfiffe, die den Versager begleiten. Ein unendlich moduliertes *Olé*, das jede Bewegung kommentiert. Warum einer der Stiere mitten im Kampf von seiner Herde aus der Arena geholt wird, verstehen wir nicht. Uns erscheint er nicht weniger wütend und verwirrt ob der Geschehnisse als alle anderen auch.

Ebenso pünktlich wie zur *corrida* findet man sich in Madrid zum aushäusigen Abendessen ein. Schlag neun öffnen sich die Türen der Restaurants, eine halbe Stunde später sind fast alle Tische besetzt.

Die *zarzuela*, eine für Madrid typische Form der Operette, beginnt daher entweder schon um sieben oder eben erst um halb elf in der Nacht. Ungezählt sind die Restaurants der Stadt, in deren Schaufenstern Meeresgetier auf dunkelgrünem Farn zur Verlockung gebettet liegt, neugeboren geschlachtete Ferkel mit milchweißer Haut am Haken hängen. Madrid liebt es deftig.

Der *cocido,* ein kräftiger Eintopf aus Kichererbsen, Kartoffeln, verschiedenen Fleischsorten sowie Paprika- und Blutwurst, ist eine der Spezialitäten der Stadt. Im Winter stärkt man sich an *callos,* in Wein geschmorten und mit scharfem Paprika gewürzten Kutteln und anderen Innereien.

»En la calle«, auf der Straße, wie die Spanier sagen, spielt sich das Leben ab. Ein kühles Bier nach Arbeitsschluß in der Kneipe vor der Haustür, ein Schwatz mit den Nachbarn, während die Kinder in einem Haufen Schottersteine von der Baustelle gegenüber graben. Losverkäufer, die den *gordo,* den fetten Hauptgewinn, ausschreien, Schwarzafrikaner, die überall fliegenden Handel mit T-Shirts und Modeschmuck treiben, der Gaukler im Straßencafé an der Puerta del Sol, der einem nach ein paar Kartentricks plötzlich die eigene Armbanduhr zurückgibt und brennende Zigarettenkippen in den Sakkotaschen seiner Zuschauer zum Verschwinden bringt.

Trinkfest und mit Appetit gesegnet scheinen die Madrider zu sein. Auf Schritt und Tritt findet sich eine Bar, wo man schon am Vormittag gern eine *copa* Wein oder einen Brandy bestellt, dunkelroten Schinken und *tortilla* gabelt oder einen Tintenfischsalat als *tapa* nimmt.

Mitten in dar Nacht kann man Leute mit Tüten aus dem Kaufhaus Corte Inglés in der Kneipe stehen sehen – man ist einfach nicht nach Hause gekommen, nachdem es kurz nach Feierabend ein paar Besorgungen zu machen galt.

Auf der Plaza Santa Ana reiht sich eine Kneipe an die andere. Neben der angeblich von Hemingway bevorzugten »Cervecería Alemana«, hat die urdeutsch getaufte Bar »Naturbier« derzeit den größten Zulauf. Kurz vor Mitternacht steht man mit dem Glas in der Hand bis auf die Straße, auf dem Trottoir ist kein Durchkommen mehr. Beim Arco de Cuchilleros, gleich neben einem der bekanntesten *Flamenco-Tablaos*, Restaurants mit Tanzbühnen, macht ein Grillrestaurant auf eigenwillige Weise auf sich aufmerksam. Vielsprachig stellen Schilder klar: »Hier hat Hemingway nie gegessen! Wir sprechen keinerlei Fremdsprachen, aber wir versprechen, nicht über Ihr Spanisch zu lachen.«

Es regnet wieder in Strömen. Die *penúltima copita* nehmen wir in dar barocken Atmosphäre des »Café de Oriente«. Die »Chocolatería San Ginés« öffnet überhaupt erst um ein Uhr nachts, serviert dickflüssige Schokolade und ständig frisch ausgebackene Krapfen bis zum Zapfenstreich morgens um acht. *Soy gato!* Katzen, Nachttiere, nennen sich die Madrider gern selbst. Nach einer weiteren kurzen Nacht ist morgens plötzlich der Himmel blau. Cremefarbene Wölkchen, die aussehen wie die Füllungen der Törtchen in der uralten »Pasteleríia Niza«, sind dekorativ aufgetupft. Ist er das, der Himmel von Velázquez? Noch sind wir nicht im Prado gewesen.

Madrid hat viele Gesichter. Die Verspieltheit der zahllosen Jugendstilfassaden. Die Kaffeehauskultur mit so liebenswert altertümlichen

Orten wie dem »Café Gijón« oder dem elegant-großbürgerlichen Club im Círculo de Bellas Artes, wo man für geringen Eintritt in tiefe Sessel sinken und sich an einer *horchata*, dem eisgekühlten, aus der *chufa*, der Knolle des Erdmandelgrases gemachten Getränk erfrischen kann. Die verwinkelte Altstadt um die habsburgische Plaza Mayor, die Markthalle San Miguel und das ehemalige Mauren- und Judenviertel Morería. Das Madrid der bourbonischen Prachtbauten und das monumental einschüchternde Banken- und Börsenviertel entlang der Alcalá. Die Gran Vía, die mit ihren zahllosen Schnellimbissen und den grellen Riesenplakaten der Filmtheater unweigerlich an den Broadway denken läßt. Die Plaza de España, auf der sich Cervantes und sein geniales Gespann Don Quijote und Sancho Pansa vor den aus der Francoära stammenden, unvermittelt hingeklotzten und inzwischen schäbig wirkenden Hochhaustürmen ducken. Die Liebespärchen am Templo de Debod, von dem aus man den Westen der Stadt unter einem in letztem Violett glühenden Himmel glitzern sehen kann, während die Schwalben vor dem nächsten Schutt hysterische Sturzflüge üben.

Madrid ist eine rüde Stadt, in der der Reisende vergeblich auf das freundliche Wort eines Kellners wartet und frühmorgens schon im Hotel Türen wie Schüsse knallen. Eine Stadt, in der Gassen und Bürgersteige gnadenlos zugeparkt werden und die Kriminalität beängstigend zunimmt. Eine teure, laute, rastlose und von Abgasen verpestete Stadt, wie wohl jede Metropole der Welt.

Manchmal jedoch ist Madrid wie ein Dorf oder eine Kleinstadt. In der Intimität der jeweiligen Quartiere, der *barríos,* in wunderbar altmodischen Geschäften für Hüte, Masken, Flamencokleider und Devotionalien. In der Feststimmung des Jahrmarktes zu Ehren eines Schutzpatrons, San Antonio de la Florida etwa, wo neben Kinderkarussells zum *paso doble* aufgespielt wird, und man anschließend mit der ganzen Familie in die lärmige »Casa Mingo« zum *sidra,* dem moussierenden Apfelwein und den obligatorischen gebratenen Hühnern geht.

Oder wenn man vom Torre de Madrid auf den Flickenteppich der ziegelroten und lehmgelben Dächer schaut, die ganze Stadt im kupferfarbigen Abendlicht, wie geschminkt, ein wenig dramatisch sogar. Fast schon ein Goya, wenn man so will.

Dicke Eintöpfe und wenig Schlaf

Madrid ist keine Stadt der leisen Töne. Doch dafür muß sich auch niemand zu Weihnachten alleine fühlen

Der Klang süßer Kinderstimmen verfolgt uns. Egal, welchen Laden wir betreten, in welcher Bar wir einen *cortado* zum Aufwärmen nehmen, überall ist der liebliche Singsang dabei. Doch es handelt sich nicht um weihnachtliches Liedgut, sondern schlicht und einfach um eine fein modulierte Litanei von Zahlenreihen. Wie immer am 22. Dezember intonieren die »Niños de San Ildefonso«, die Kinder des gleichnamigen Waisenhauses, die alljährlichen Gewinnernummern der großen Weihnachtslotterie per Radio- und Fernsehübertragung. Und weil fast jeder Madrider ein Los oder doch mindestens Anteile an einem solchen hält, wird die stundenlange Ausstrahlung des glücksverheißenden Kinderchors mit Inbrunst verfolgt. Schließlich könnte der *gordo,* der dicke Hauptgewinn, ja diesmal auf die eigene Nummer fallen.

Seit über zweihundert Jahren singen die Kinder des Waisenhauses bereits die Nummern der Gewinner aus. Auch der Weihnachtsmarkt auf der Plaza Mayor ist alter Brauch. Wo im Sommer die Stuhlreihen der Straßencafés wie zum Appell angetretene Kompanien ausgerichtet sind, drängen sich nun unter Lichterketten die

Stände mit Spielzeug und Süßigkeiten. Das Aroma von gebrannten Mandeln und gebratenen Kastanien hängt in der Luft. Bonbonverkäufer buhlen um die Gunst der Kinder mit Zuckerzeug in giftig-bunten Farben. Schon die Kleinsten müssen in Madrid mit grellen Reizen gelockt werden. Oben tragen sie dicke Schals und Mützen, unten schauen aus den Wintermänteln nackte Beinchen mit Kniestrümpfen hervor.

Madrid ist keine Stadt der leisen Töne. Der Verkehr ist so brachial, daß die Müllabfuhr mitten in der Nacht durch die Straßen lärmt, weil nur dann ein Durchkommen ist. Madrid kennt kein mildes Wetter, hier ist es entweder zu heiß oder zu kalt. Momentan letzteres, die eisklare Luft ist so trocken, daß sie beim Atmen in der Nase brennt. Der Winterhimmel dazu ist wie von Goya gemalt. Lilablau, am Horizont beinahe grünstichig und von einzelnen dekorativen Zuckerwattewolken geziert. Wenn man hoch oben vom Torre de Madrid in die Runde schaut, meint man, das halbe Land überblicken zu können. Die Luft ist so durchsichtig, daß die im Sommer vom Dunst verschluckte Sierra de Guadarrama im kupferfarbenen Abendlicht zum Greifen nah erscheint.

Es wird früh dunkel, aber Madrid ist ohnehin eine Königin der Nacht, die das Licht gern scheut. »Madrid me mata!«, Madrid tötet mich!, lautet die mit der ständigen Erschöpfung kokettierende Parole der Nachtschwärmer. Für den gesunden Erwachsenen ist der Schlaf am

Wochenende gleichsam verboten. Die Ouvertüre der Aktivitäten beginnt um neun Uhr abends in den Bars und Bodegas rund um die Plaza Santa Ana. Irgendwann folgt ein ausgiebiges Abendessen, ein Film- oder Theaterbesuch, der bis ein Uhr nachts dauert. Das Timing stimmt, denn ein Besuch der Szenelokalitäten wie dem »Suristan« oder dem »Joy Eslava« lohnt keinesfalls zu früherer Stunde. Zum Abtanzen ist noch jede Menge Zeit, bis man im Morgengrauen im Kultlokal »Chocolatería San Ginés« in Öl gesiedete *churros* in glühheiße dicke Schokolade taucht, so den drohenden Kater besänftigt und endlich das Zubettgehen zumindest in Erwägung zieht.

Zu den Frühaufstehern gehören allenfalls die Händler der Markthalle San Miguel. Es duftet nach gehaltvollen Würsten und würzigem Käse. Das beste Geschäft machen derzeit aber die Fischverkäufer mit ihrer großen Auswahl an Meeresgetier, das zu den traditionellen Festtagsspeisen zählt. Pflichtbewußte Hausfrauen sind bereits mit den Einkäufen auf dem Heimweg, als wir uns mit einem stilvollen Frühstück im »Café de Oriente« mit Blick auf das Königsschloß für den neuen Tag stärken. Madrid hat so viele alte Traditionscafés, daß diese allein eine Reise wert sind. Dann erst sollte man zu einem Einkaufsbummel durch die von Lichterketten hell erleuchteten Straßen aufbrechen oder im Retiro-Park zwischen den winterkahlen schwarzen Baumstämmen spazieren. Fast ebenso leer wie die endlosen Alleen sind nun die

Museen. Wo sich im Sommer im Prado die Besucher drängeln, herrscht nun andächtige Stille. Wem der Kunstgenuß zum Aufwärmen nicht genügt, der kann im Atocha-Bahnhof in der alten Abfahrtshalle unter einem Palmenhain lustwandeln. Aus gut versteckter Technik stäubt feuchte Wärme ins dichte Tropengrün. Die Rattansessel des Bahnhofscafés gewähren eine kurze Illusion von ewigem Sommer mitten im rauhen Hochland Kastiliens.

Heilig Abend ist auch in Madrid ein Fest der Familie. Doch die Stadt so vieler Singles und Nachtschwärmer läßt den Gast nicht allein. Geschenke gibt es ohnehin keine, die bringen zwei Wochen später die heiligen drei Könige, die vorher das Christkind zu bescheren haben. In den Restaurants und Kneipen herrscht Hochbetrieb. In uralten Tavernen wie der »Posada de la Villa« kann man sich den Bauch mit dicken Eintöpfen, Lamm und Spanferkel wärmen. In manchen Bars liegen bunt eingepackte Süßigkeiten für die weihnachtlichen Zecher aus.

Das Herz Madrids schlägt unzweifelhaft an der Puerta del Sol, dem »Sonnentor«. Hier steht das erzene Wahrzeichen der Stadt, der an einem Erdbeerbaum naschende Bär. Hier ist der Kilometerstein Null, von dem aus auf allen Überlandstraßen die Entfernung von der Kapitale gezählt wird. Hier nahmen Aufstände ihren Anfang, haben Kastanienverkäufer, Taschendiebe und Straßenkünstler ihr Standquartier, und hierhin blickt das ganze Land zu Silvester. Die *noche vieja*, die letzte Nacht des Jahres, ist in

Madrid ein ganz und gar öffentliches Fest. Man geht mit großem Familienkreis in ein gediegenes Restaurant. Jedes Gedeck ist mit einem kleinen Säckchen geschmückt, das ein Büschel Trauben enthält. Kurz vor Mitternacht ist die halbe Stadt zur Puerta del Sol unterwegs. Bald wird es so eng auf dem Platz, daß die Kinder auf die Schultern gehoben werden müssen, wenn sie nicht zerdrückt werden sollen. Alles starrt auf ein kleines Uhrtürmchen. Sämtliche Fernsehstationen sind live dabei. Groß und Klein hält das Dutzend Trauben aus dem Säckchen parat, wenn die Zeiger der Uhr auf die Zwölf springen. Nun heißt es zu jedem der blechernen Glockenschläge eine Traube hinunterzuschlingen, damit jeder Monat des kommenden Jahres in Glück und Freude verlaufen soll. Nach der letzten Renovierung des Uhrtürmchens bimmelten die Mitternachtsglocken zu schnell für das Traubenwettessen, ein Skandal, der das halbe Land beschäftigte. Das Problem ist inzwischen längst behoben. Wir schaffen die Übung sogar, ohne uns zu verschlucken. Sektkorken knallen mit dem Feuerwerk um die Wette. Dann fällt jeder jedem um den Hals, man küßt einander herzlich mit vom Rebsaft klebrigen Wangen. Das neue Jahr wird mit offenen Armen empfangen.

Der Kerker der Königin

Auf Spurensuche im kastilischen Städtchen Tordesillas

Ein Turm wie aus dem Rapunzelmärchen. Ganz oben ein winziger Ausguck, eine Balustrade, die von einem Puppenhaus stammen könnte. Von hier aus, soll Juana, die Königin ohne Macht, Tochter von Isabella der Katholischen, auf den Duero geblickt haben, bevor man ihr auch diesen Kontakt mit der Außenwelt verwehrte. Tordesillas ist die letzte Station ihres Lebens. Unvorstellbare 46 Jahre lang war sie in ihrem *castillo* eingeschlossen, in das ihr eigener Vater, Ferdinand von Aragón, sie festgesetzt hatte. Johannas Sohn Karl V. verlängerte die Haft der Mutter bis zu deren Tod.

Der grüne Fluß glitzert im Sonnenlicht. Über ein kleines Wehr rauscht das Wasser unter der schmalen einzigen Brücke des einst bedeutenden kastilischen Marktfleckens. Hier hatte Rabbi Moses im 14. Jahrhundert ein »Buch der Hilfe« verfaßt, das den verfolgten spanischen Juden bei den Disputen mit christlichen Theologen als Leitfaden dienen sollte. Heute ist Tordesillas ein Ort von gemütlicher Bedeutungslosigkeit. Die typisch kastilische Plaza Mayor mit ihren Arkadengängen und Kneipen ist nur ein kleiner Platz, dessen pittoreske Häuser fast alle zum Verkauf stehen. In »Ultramarinos« genannten Lädchen mit uralten Schildern liegen getrockneter Stockfisch, Konserven und Früchte aus. Selbst die Überlandstraßen machen einen Bogen um das Städtchen. Ein winterklarer, dunkelblauer Himmel spannt sich über das Häusergewürfel der zum Río Duero ausgerichteten Silhouette.

Señor Félix Carnión, der Museumswart von San Antolín, unterbricht den Schwatz mit ein paar alten Männern, um uns eine Eintrittskarte zu verkaufen. Zu dieser Jahreszeit kommt kaum noch ein Besucher. Also hat er viel Zeit, sich um die neugierigen Fremden zu kümmern und erklärt die Ausstellungsstücke in der ehemaligen Kirche mit detailversessener Gründlichkeit. Aber auch sonst, mitten im Sommer etwa, sei hier nicht viel los, gibt er freimütig zu. Vor einigen Jahren allerdings, erinnert er sich, strömten illustre Besucher für ein paar Tage in Scharen herbei. Der Staatspräsident von Portugal und das spanische Königspaar höchstselbst haben die Tafel zum fünfhundertjährigen Gedenken an den Vertrag von Tordesillas an der benachbarten Casa del Tratado enthüllt, die eigens dafür auf den alten Grundmauern wieder aufgebaut worden war. Im Frühjahr des Jahres 1494 wurde hier jenes Abkommen unterzeichnet, mit dem Spanien und Portugal die neuen Eroberungen im Westen unter sich aufteilten. Nach einem Schiedsspruch von Papst Alexander VI. einigte man sich darauf, die schon bekannte Neue Welt und die noch zu entdeckenden Gebiete östlich einer Linie aufzuteilen, die 370 Meilen westlich der Kapverdischen Inseln von Pol zu Pol lief. Darum wird heute in Brasilien portugiesisch gesprochen und spanisch im restlichen Teil des südamerikanischen Kontinents.

1506 stirbt Kolumbus im heute gerade eine halbe Autostunde entfernten Valladolid. Im gleichen Jahr rafft es Philipp den Schönen, den flämischen Gemahl Juanas, unter nie geklärten Umständen im ebenfalls kastilischen Burgos in den besten Mannesjahren dahin – »hinweggemäht wie eine Frühlingsblume«, wie der Chronist Pedro Mártir notiert. Zwei Jahre früher war Isabella die Katholische im nur 25 Kilometer von Tordesillas entfernten Medina del Campo verschieden. Don Juan, ihr einziger Sohn, der 1497 nur neunzehnjährig ohne Erben verstarb, ist längst in Ávila bestattet. Seine ältere Schwester ereilte ein Jahr später das gleiche Schicksal. Die Häufung an hoheitlichen Todesfällen ist die Ouvertüre zu einem Ränkespiel um die Macht im Königreich Kastilien. Es ist eine große Oper um Macht, Gefühle und Leidenschaft. Juana, das dritte von fünf königlichen Kindern, wird unerwartet zur legitimen Thronfolgerin. Doch anders als ihre unerschrockene Mutter Isabella, ist Juana keine Frau mit dem Instinkt für die Macht. Schon als Kind gilt sie als hochbegabt und schwierig zugleich. Sechzehnjährig wird sie mit Philipp, dem habsburgischen Erben, vermählt. Ein Gemälde der »schönsten Prinzessin Europas« zeigt eine feingliedrige junge Frau mit ovalem Gesicht, rotblondem Haar und unergründlicher Augenfarbe. Ihr Blick erscheint melancholisch, der rechte Zeigefinger ist wie mahnend erhoben.

Es ist überliefert, das Brautpaar sei bei seiner ersten Begegnung in Flandern in solcher Leidenschaft entbrannt, daß es sich sofort in die privaten Gemächer zurückzog. Juana ist dem Gemahl, wie Zeitgenossen berichten, in hoffnungsloser, abgöttischer Liebe verfallen – »perdidamente enamorada«, wie notiert wird. Doch am ausschweifenden flämischen Hof hat die Prinzessin aus dem konservativen Süden einen schweren Stand. Philipp kehrt nach den Flitterwochen zu seinen gewohnten amourösen Abenteuern zurück. Juana findet nicht zu hoheitsvoller Gelassenheit und Souveränität in der ihr unbekannten und oftmals feindseligen Umgebung des flämischen Hofes. Der Untreue ihres Mannes begegnet sie mit leidenschaftlichen Ausbrüchen, bei denen sie schreit und tobt und einer Hofdame die Haare bis auf die Kopfhaut absäbelt. Philipp schlägt sie, sperrt sie ein, nimmt ihr die maurischen Sklavinnen, verweigert ihr Geld für die persönlichen Ausgaben und gewinnt ihren Schatzmeister Martín de Moxica als gefügigen Handlanger, der tendenziöse Berichte über die Launen Juanas nach Spanien sendet. Den Ehekrisen zum Trotz gebiert die Prinzessin im Abstand von einem bis zwei Jahren gesunde und kräftige Kinder; den Thronfolger Carlos während eines Balles auf der Toilette.

1502 begibt sich das Paar gemeinsam nach Spanien. Doch die Reise ist von Schwierigkeiten überschattet. Philipp erkrankt an den Masern, brüskiert die Schwiegereltern mit einem Besuch beim Erzfeind, dem französischen König, und scheint sich wenig für die Heimat seiner Gemahlin zu interessieren. Das niemals innige Verhältnis von Mutter und Tochter gerät in höchste Spannungen, als die wiederum schwangere Juana die gefährliche winterliche Seereise zu ihrem schon nach Flandern zurückgekehrten Gatten entgegen des ausdrücklichen Rates Isabellas der Katholischen erzwingt. Ihre Mutter wird die ungehorsame Johanna nicht mehr wiedersehen.

Auf dem Sterbebett bestätigt Isabella die legitime Erbfolge Juanas, verfügt jedoch in guter Absicht einen Zusatz, nachdem die Regentschaft bis zur Volljährigkeit des Enkels Carlos an ihren Mann Ferdinand falle, »falls Juana die Regierung nicht übernehmen wolle oder könne«. Nun bricht zwischen Philipp und Ferdinand ein erbitterter Kampf um die Macht in Kastilien aus, bei der sie wechselseitig Juana mal als wahnsinnig, mal im Vollbesitz ihrer geistigen Kräfte erklären, je nachdem, wie sich die Feststellung politisch ausschlachten läßt. Nach einer dramatischen Seereise landet das flämische Paar erneut in Spanien. Beinahe kommt es zu Kampfhandlungen zwischen Philipp und Ferdinand, bis letzterer schließlich auf Kastilien verzichtet und die Cortes der klug und umsichtig redenden Juana als neuer Königin den Treueeid schwören. Dann stirbt Philipp. Juana tut nichts, um ihre Regentschaft zu bestätigen, zieht wochenlang mit dem mehrmals geöffneten Sarg des Gatten durchs Land, will nichts entscheiden, solange sie nicht mit dem Vater gesprochen hat. Es kommt zu einem rührseligen Wiedersehen zwischen Vater und Tochter. Juana überläßt ihm bereitwillig die Regierungsgeschäfte, doch die Tochter ist den Machtambitionen des in Kastilien unbeliebten Ferdinand im Weg. Zunächst drängt er die in tiefer Trauer verfangene Witwe, das Heiratsgesuch des englischen Königs anzunehmen, um sie außer Landes zu bekommen. Als Juana dies ablehnt, nötigt er sie im Februar des Jahres 1509 in die Festung von Tordesillas. Damit ist ihre lebenslange Gefangenschaft besiegelt.

Der freundliche Museumswärter zeigt uns einen alten Stich von der Burg, die zu Juanas Kerker wurde. Nichts ist heute mehr davon übrig als ein zugemauerter Torbogen an der Seitenwand eines benachbarten Hauses. Nur der fotogene Turm von San Antolin, den wir allein erklimmen sollen, weil seine Beine nicht mehr mitmachen würden, steht noch. Einst soll der Turm mit Juanas Kastell verbunden gewesen sein und mit seinem Balkon ihre einzige Verbindung zur Außenwelt dargestellt haben, aber wirklich sicher ist auch das nicht. Nur ein paar Schritte sind es dagegen zu dem wundervoll erhaltenen Real Monasterío, dem Klarissenkloster, das Alfons XI. im 14. Jahrhundert erbauen ließ. In der Schloßkirche wurde der Sarg Philipps bis zu seiner Überführung nach Granada aufbewahrt; hier soll auch Juana gebetet haben. Doch was den Ort heute zur Sehenswürdigkeit macht, sind vor allem die luxuriösen Umbauten, die Pedro der Grausame nach dem Vorbild des Alcázars von Sevilla vornehmen ließ, als er hier mit seiner in illegaler Zweitehe angetrauten María de Padilla residierte. Ein wunderbarer arabischer Patio, maurische Bäder und eine goldgleißende Artesonado-Decke werden von der Museumswärterin erklärt, die von einem martialisch Uniformierten begleitet wird. Das in manchen Büchern zitierte Harmonium Johannas der Wahnsinnigen wird uns allerdings nicht vorgeführt. Dafür findet sich in einer Nische eine zarte marmorne Frauenstatue, von der keiner weiß, wen sie darstellen soll, die einem wie zwangsläufig die Assoziation an die eingekerkerte Königin aufdrängt. Unterhalb des Klosters liegt eine kleine Plaza am Fluß, wo sich am Abend die Spaziergänger ergehen.

Nur einmal bietet sich der Eingesperrten für die kurze Zeit von wenigen Wochen die Illusion von Freiheit und Einfluß. Als ihr Sohn Karl V., in Spanien als Carlos I. bekannt, 1520 einen Flamen zum Gouverneur des Landes ernennt und übermäßig hohe Abgaben einfordert, erheben sich die kastilischen Städte unter Führung von Segovia und Ávila. Es ist der Herbst der *comuneros*, nach José Antonio Maravall eine »erste moderne Revolution«, die sich gegen Herrscherwillkür richtet, nicht aber gegen das Königtum an sich. Ende August 1520 erobern die Anführer der »Santa Junta« Tordesillas und neigen sich vor der Königin: »Wir, die rechtmäßigen Vertreter der Städte, sind gekommen, Euch zu dienen und zu verteidigen«. Doch die schon seit zehn

Jahren von allem abgeschnittene Juana, die nicht einmal weiß, daß ihr Vater schon seit vier Jahren nicht mehr lebt, ist von den Regierungsgeschäften endgültig überfordert. Anfangs unterschreibt sie noch Dekrete und Verordnungen, doch mißtrauisch gegen alles und jedes verweigert sie sich schließlich und zieht sich erschöpft zurück. Im Dezember erobern die kaiserlichen Truppen Tordesillas zurück. Im nur vierzehn Kilometer entfernten Villalar de los Comuneros, einem heute völlig verschlafenen Dörfchen, werden im April 1521 die Aufständischen endgültig geschlagen.

1555 stirbt Juana mit 76 Jahren langsam und qualvoll in der Burg von Tordesillas. »Gekreuzigter Jesus, hilf mir!« sollen ihre letzten Worte gewesen sein. Für die Königin von Kastilien, León, Granada, Valencia, Sardinien, Mallorca, Katalonien, Roussillon, Sizilien und den überseeischen Besitzungen werden keine Glocken geläutet. Sie ist deutlich älter geworden als alle ihre Geschwister. Jedes ihrer sechs Kinder wird einem bedeutenden europäischen Herrscherhaus vorstehen. 1574 läßt ihr Enkel Philipp II. sie nach Granada überführen, wo sie neben den Eltern und ihrem Gemahl ruht. Auf ihrem Grabmahl hält sie das Zepter mit fester Hand.

Die schöne Fermosa

Toledo und seine wechselvolle Geschichte – Stadt des Hasses, Stadt der Toleranz

»Der Reisende, dem nur ein einziger Tag in Spanien zur Verfügung steht, sollte diesen ohne Zögern zum Besuch Toledos verwenden.« Jedes Jahr beherzigen Heerscharen von Touristen diesen Ratschlag des spanischen Schriftstellers M. Bartolomé Cossío.

Am besten reist man mit der Bahn nach Toledo. Die Fahrt beginnt im Madrider Bahnhof Atocha, der mit einem Palmenhain in der alten Abfahrtshalle überrascht. Sie endet eine Stunde später an einer Station, die als Tausendundeinenacht-Bahnhof eines eisenbahnfanatischen Sultans durchgehen könnte. Ein paar Minuten zu Fuß, dann steht man vor dem gelbgrauen Häusergewürfel, das gegen den stahlblauen Himmel absticht. Toledo türmt sich auf einem einzigen Fels auf, ein granitener Sockel von monumentaler Wucht. Eine ganze Stadt als Burg, gegürtet mit maurischen und gotischen Mauern, mit Fundamenten von Römern und Westgoten, mit mittelalterlichen Gassen und arabischen Portalen, die wuchtige Krone des martialischen Alcázar als höchsten Punkt des Ortes obenauf gesetzt. Unten im Tal ist der Fluß Tajo als Wehrgraben um die Stadt auf dem Hügel geschlungen, tief eingeschnitten, glitzernd wie eine blaugrüne Schlange im grellen Licht. Auch diese kastilische Stadt hat die Unesco zum Weltkulturerbe erklärt.

Bis zu hunderttausend Besucher pilgern an Sommertagen durch die engen Gassen und stärken sich bei McDonald's auf der Plaza de Zocodover, deren exotisch klingender Name sich vom maurischen »Souk-ad-dawab« ableite, was soviel wie »Markt der Lasttiere« bedeutet. Die Stadt, von der Reisejournalisten und Prospektschreiber gern behaupten, in ihr sei die Zeit stehengeblieben, ist durchaus mit der Gegenwart vertraut. Die Souvenirhändler machen gutes Geschäft. Die Kneipen sind auf schnelle Abfütterung eingestellt. Die Stadtführer reden in sämtlichen touristischen Zungen. Denn auch hier ist nicht die Zeit, sondern sind lediglich viele alte Steine stehengeblieben. Die Kathedrale erhebt sich über den Trümmern der ehemaligen Hauptmoschee. Der Alcázar, der mit penetranter Dominanz über der Stadt thront, steht auf den verborgenen Resten eines römischen Kastells.

Dreimal brannte die Festung im Laufe der Geschichte ab, dreimal wurde sie aufgebaut. Im Sommer 1936 hatten sich hier Frankisten verschanzt. Nach zweimonatiger Belagerung durch die Republikaner flog die Trutzburg in die Luft. Nach dem Bürgerkrieg wurde sie von Franco eilends in neuem Glanz aufgebaut und beherbergt ein Militär- und Bürgerkriegsmuseum, das sich heute noch so tendenziös rechtslastig präsentiert, daß man meinen könnte, der alte *caudillo*, dessen Schwert man in der Schatzkammer der Kathedrale verwahrt, sei noch immer am Ruder.

»Toledo ist eine kleine Stadt, aber stark durch ihre Lage«, bemerkte schon der römische Historiker Titus Livius vor gut zweitausend Jahren, als »Toletum« nur ein unbedeutender Ort an der römischen Handelsstraße von Merida nach Zaragoza war. Mitte des 6. Jahrhunderts machen die Westgoten Toledo zur Hauptstadt ihres Reiches. Als König Rekkared vom Arianismus zum Katholizismus wechselt, erlebt Toledo das erste einer Reihe von judenfeindlichen Pogromen. Die Sepahrdim, wie die spanischen Juden genannt werden, geraten in Bedrängnis. Sie werden drangsaliert, enteignet, vertrieben. Im Jahre 712 erobern die Mauren die Stadt und setzen die Glaubensfreiheit wieder in Kraft. Doch die Diskriminierung geht weiter. Juden müssen einen gelben Turban sowie einen gelben Kreis in Brusthöhe am Gewand tragen und eine Kopfsteuer bezahlen. Dennoch nimmt der Anteil der jüdischen Bevölkerung während der wirtschaftlichen Blütezeit unter den arabischen Besatzern beständig zu. 1085 erobert Alfons VI. die Stadt für die Christen zurück und macht sie zum Sitz des kastilischen Königreiches. Die Juden werden als Eigentum der Krone dem König direkt unterstellt, was ihnen zunächst gewissen Schutz bietet.

Mitte des 12. Jahrhunderts ist die Stadt größer als London oder Paris und allemal bedeutender. Eine erste »Übersetzerschule« wird eingerichtet. Altgriechische, arabische und hebräische Texte werden hier ins Lateinische übertragen. Das christliche Abendland tritt in Dialog mit den Philosophien der Antike und den naturwissenschaftlichen Lehren des Orients. Weitere einhundert Jahre später, unter Alfons dem Weisen, wird Toledo endgültig zu einem Zentrum der Wissenschaften. Aus ganz Europa reisen Gelehrte in die Stadt am Tajo, um sich in Alchimie, Astrologie und Astronomie zu üben und am Diskurs der Kulturen teilzunehmen. Ohne den Einfluß der toledanischen Übersetzerschulen dürfte es eine Renaissance in Europa kaum gegeben haben.

Toledo ist eine Stadt der Toleranz ebenso wie des Hasses. Das vielgerühmte multikulturelle und multireligiöse Zusammenleben barg selbst zur Blütezeit große Spannungen. »Innerhalb der Stadt drängte sich auf engstem Raum Haus an Haus, hügelan, hügelab, die Treppenwege waren dunkel und schmal, häufig sehr schmal, sie schienen Doña Raquel verdächtige Schluchten, überall waren Ecken, Winkel und Mauern, und immer wieder schwere, riesige, eisenbeschlagene Tore.« Lion Feuchtwangers »Jüdin von Toledo« versucht, die politische und gesellschaftliche Anspannung zu schildern, die Ende des 13. Jahrhunderts in der Stadt herrschte. »Der König verliebte sich heftig in eine Jüdin, die den Namen Fermosa – die Schöne – trug, und er vergaß sein Weib«, berichtet die Chronik Alfons des Weisen über die sieben Jahre währende Leidenschaft seines Großvaters Alfons VIII.

Doch spätestens mit der Pestepidemie von 1348, bei der die Juden als Brunnenvergifter gebrandmarkt werden und das aufgehetzte Christenvolk sich in Lynchjustiz an den jüdischen Nachbarn übt, endet das Zeitalter der Toleranz. Beim Pogrom von 1391 wird Toledos jüdische Gemeinde, mit mehr als zehntausend Mitgliedern die größte Spaniens, fast vollständig vernichtet. Jene Sephardim, die sich durch Konvertieren zum Christentum zu retten versuchten, erleben weitere Verfolgung durch die Inquisition. Der einzige Ausweg ist die Flucht aus der einstigen Hochburg der Toleranz. Das Dekret der Vertreibung aller Juden aus dem Land, das die Katholischen Könige 1492 nach der Reconquista verfügen, braucht in Toledo nicht mehr durchgesetzt werden. Es gibt – bis heute – keine Juden mehr. 1505 wird mitten in einem einstigen Judenviertel der wehrhafte Bau der Kirche San Juan de los Reyes eingeweiht. Das Gotteshaus ist der steinerne Triumph der Katholischen Könige Isabella und Fernando über die besiegten Mauren, die rund acht Jahrhunderte in weiten Teilen der iberischen Halbinsel die Geschicke bestimmt hatten. Das Wappen der siegreichen Monarchen – Joch und Pfeilbündel – findet sich überall als Dekoration. Die Ketten, die bis heute an der Nordfassade hängen, sollen einst christliche Sklaven von Almería und Málaga getragen haben. Isabella und Fernando hatten den Bau als Mausoleum geplant, bevor sie sich entschieden, ihre Königsgruft in Granada, dem Ort ihres endgültigen Triumphes, entstehen zu lassen.

1580 wird auch »das Arabische« verboten, die Nachfahren der Mauren ziehen von dannen. Übrig geblieben sind Teile der Stadtmauern und eine Moschee, die seit Jahrhunderten unter dem katholischen Namen »Christo de la Luz« firmiert.

Toledo, strategisch perfekt positioniert, liegt noch immer am Schnittpunkt uralter Handelsstraßen, als es Philipp II. einfällt, dem jahrhundertelangen Reisekönigtum, bei dem die Monarchen wie Vagabunden durch das Land zogen, ein Ende zu setzen. Auf keine der uralten kastilischen Städte fällt seine Wahl. Der Regent entscheidet sich für das Provinznest Madrid, den geographischen Mittelpunkt der iberischen Halbinsel.

Toledos goldene Zeiten sind vorbei. Die Stadt verarmt, entvölkert sich. Allein der Bischofssitz des Primas von Spanien und der Sitz des Generalinquisitors bleiben. Bis heute ist Toledo ein Ort, an dem sich der Katholizismus mit einer Inbrunst inszeniert wie kaum sonst wo in Spanien, das für seine zahllosen theatralisch-pompösen kirchlichen Feste berühmt ist. Die Fronleichnamsprozession ist die feierlichste des ganzen Landes. Baldachine schützen den Zug vor der mittäglichen Gluthitze – jede Gasse ist von einem Zeltdach gedeckt, unter dem die Schwaden des Weihrauchs wie eine milde Droge wabern. Die Balkone sind mit kostbaren Samtschabracken geschmückt. Es regnet Blumen auf die Gläubigen, auf den Troß der Meßdiener, auf Mönche, auf Büßer und Kutten, auf Klerus, Kommunionmädchen und Damen, die mit ihren Kopf und Schultern verhüllenden *mantillen* aus kostbarere Spitze wie die Folklorepuppen in den Souvenirläden aussehen. Die Monstranz ist ein Monstrum aus mehreren Tausend Teilen Edelmetall und funkelnden Steinen. Toledo ist eine Glaubensfeste. Selbst das Marzipan, im allgemeinen als Konfekt maurischen Ursprungs bekannt, wird hier als katholische Erfindung verkauft. Bei einer Belagerung durch die Araber sollen Nonnen dem hungerleidenden Volk mit den letzten Säcken Mandeln und Zucker Energieriegel für den Kampf geknetet haben.

Toledo, das ist auch El Greco, ein Revolutionär, der die schöne Kunst auf schockierende Weise verändert. Er mischt nie gesehene pastellene Zwischentöne, hält sich nicht an naturgetreue Abbildungen. Manche halten ihn für drogenabhängig oder gar für irre. Er hat seine kretische Heimat und das künstlerisch tonangebende Italien verlassen. Toledo ist die Stadt, die er gesucht und gebraucht hat. Hier bleibt er bis zu seinem Tod.

Er malt wie ein Besessener, überzeugt die Zweifler und entgeht der Inquisition. Für sein berühmtes Bild »Das Begräbnis des Grafen Orgaz« errichtet man eigens eine Kapelle. Gern zeigt man den Besuchern das Haus des Künstlers. Doch was heute als Casa del Greco zu sehen ist, war nie das Haus des Malers, sondern der Stadtpalast des Samuel Leví, seines Zeichens Schatzkämmerer des Königs Pedro mit dem vielsagenden Beinamen »der Grausame«.

Als er die Gunst seines Herrschers verlor, wurde er gefangengenommen und zu Tode gefoltert. »Ab dem Tag der Gefangennahme hatte keiner der Söhne von Israel mehr aufsteigen können«, heißt es in einem Dokument der jüdischen Gemeinde. Von den zehn Dutzend Synagogen, die es einst auf der Iberischen Halbinsel gab, sind ganze vier erhalten, zwei davon in Toledo: die Synagoge El Tránsito und eine weitere aus dem 13. Jahrhundert, die später als »Santa María la Blanca« in eine Marienkirche umgewandelt wurde.

Heute steht die riesige Kathedrale im Zentrum der Aufmerksamkeit der Touristen. Sie mustern kurz die mild lächelnde weiße Madonna, der das Jesuskind neckisch ans Kinn greift, werfen einen Blick in die mozarabische Kapelle, in der jeden Morgen ein Gottesdienst nach uraltem westgotischen Ritus gehalten wird.

Sie tätscheln eilig das reiche Schnitzwerk des Chorgestühls aus Walnußholz, schreiten in der Sakristei im Zeitraffer Van Dyck, Raffael, Tizian und nochmals El Greco ab. Die Begegnung der Kulturen findet an den Kreuzungen der Gassen statt, wo japanische Gruppen dicht gedrängt harren, bis amerikanische oder argentinische vorbeigezogen sind und der Weg frei ist zum nächsten Besichtigungspunkt. Ist alles absolviert, werden sie auf die Andenkenstände losgelassen, die neben Postkarten und Trachtenpüppchen auch so Exotisches wie Damaszenerschwerter und bündelweise Lederpeitschen feilbieten. Manch einer läßt sich heute die Klinge des sagenumwobenen

Excalibur als Wohnzimmerschmuck in ferne Florida oder Texas schicken. Einst versorgten sich mit den Degen der hiesigen Königlichen Waffenfabrik Monarchen wie Karl V. und Napoleon, und noch heute ordern hier spanische Stierkämpfer ebenso wie japanische Samurai ihre Arbeitsgeräte. Ebenso berühmt wie für seine Klingen ist Toledo für das Kunsthandwerk des »Damasquinado«, feine Intarsienarbeiten, bei denen Edelmetalle in schwarz gebeiztes Eisen eingelegt werden. Bis heute gibt es neben billigen, industriell gefertigten Plagiaten in Toledo noch Werkstätten, die die aufwendige Kunst des Damaszierens beherrschen, dessen Name gleichfalls auf arabische Handwerkstraditionen aus der Gegend um Damaskus zurückgeht.

Abends mildert sich die Gluthitze über der Stadt, schließen McDonald's und die Marzipanverkäufer ihre Läden. Die Busgruppen sind abgezogen und in den wenigen Bäumen, die sich im Labyrinth der steinernen Gassen finden, lärmen die Spatzen mit südländischem Temperament. Wenn die Nacht fällt, werden die Vögel schlagartig stumm. Selbst das leise Gurren der Tauben ist nicht mehr zu hören. Es wird still zwischen den bröckelnden Adelspalästen. Jeden Moment könnte die schöne Jüdin aus einem der eisenbeschlagenen gewaltigen Tore treten.

Zartes Grau im Dunkel

Ein Abstecher nach Aragón in die Heimat des Hofmalers Goya

Wie ein lässig hingeworfener Mantel von sattgrünem Samt präsentiert sich die Landschaft im klaren Licht. Aragón, so sagen manche, ist eine Wüste, die der Fluß Ebro wie eine Fata Morgana diagonal durchschneidet. Doch der unglaublich regenreiche Winter, der das ausgemergelte Spanien von der jahrelangen Dürre erlöste und die Staubecken auffüllte, läßt das Land vor Fruchtbarkeit strotzen.

Das grellgrüne Gewoge des jungen Weizens wird durch kalkweiße Terrassenmäuerchen unterbrochen, die sich wie lichtflirrende Effekte in der Komposition eines Malers ausnehmen. Vom nahen Zaragoza, wo Goya zur Schule ging, sind wir unterwegs nach Fuendetodos, der »Quelle für alle«, wie sich das Dörfchen, in dem Spaniens großer Maler geboren wurde, mit lautmalerischer Anmut nennt. Vor der letzten Kurve mit Blick auf das Flickmuster der Ziegeldächer, hat man in riesigen metallenen Lettern den Schriftzug »Goya« in den Boden gepflanzt. In perfektem Kontrast dazu wiegen sich filigrane blaßrosa Orchideen im Wind.

Vor dem Ortsschild sonnt sich ein Köter auf dem Asphalt, blickt den vorbeisirrenden Radlern nach. Nur ein paar Schritte sind es zu dem

Bruchsteinhaus, wo Francisco de Goya y Lucientes am 30. März 1746 als Sohn eines Retabelvergolders geboren wurde. Drinnen hat man alles im Stil der Zeit herausgeputzt. Goya selbst, so erfährt man aus Briefen an seinen Freund Martín Zapater, gab sich in Sachen Wohnkultur bescheiden: Bett, Kaminfeuer, Tisch und ein paar Stühle für ein Essen mit Freunden waren ihm Einrichtung genug. Vis-à-vis hat man die Arkaden des kleinen Platzes verglast und pünktlich zum 250. Geburtstag einen Souvenirladen eingerichtet. Es gibt Goya-Wein, Goya-Gedenkteller, Goya-Einkaufstaschen und auf T-Shirts jede Menge nackter Majas, denen heute keine Inquisition mehr nachjagt.

Im nahe gelegenen kleinen Museum, das eine Gruppe zeitgenössischer Künstler durch den Verkauf ihrer Werke finanzierte, sind die Graphiken des großen Künstlers ausgestellt. Mit den fast surrealen Radierungen »erholte« sich Goya von den Auftragsölbildern der Grafen und Granden. Hier stichelte er seine ätzende Kritik an der in Absolutismus und Glaubensfanatismus erstarrten spanischen Gesellschaft ins Metall, prangerte Elend, Not, Krieg und Rückständigkeit an.

Sehr spanisch muten die Hinweistafeln der Ausstellung an. »Erschöpft und gezüchtigt von der Druckpresse« hätten die Graphiken leider immer blassere Abdrücke ergeben, wird dem Besucher erklärt. Die Schärfe und der individualistische Ausdruck der Gravuren zeigt weit mehr als die repräsentative Ölmalerei, wie weit sich Goya mit seiner Kunst hervorwagte.

Dabei fing alles ganz harmlos an. Mit neckischen Bildern von Majas und Majos, die in pittoresker Tracht mit Mandoline und Landschaftsgarnitur dem Auge schmeicheln und als Vorlage für die königlichen Teppichmanufakturen dienen, beginnt Goyas Karriere. Er nimmt an zwei Wettbewerben der königlichen Akademie der schönen Künste teil, ohne irgendeinen Preis zu erhalten. Zu erstem Ruhm kommt er durch Beziehungen. Er heiratet die Schwester des Malers Bayeu, der damals sehr en vogue ist und bereits für den Hof arbeitet.

Zunächst hält sich Goya dicht an dessen Stil, aber als er Bayeu in Zaragoza bei der Ausmalung der Deckengewölbe der riesigen Basilika Nuestra Señora del Pilar, unserer lieben Frau von der Säule, helfen darf, übertrumpft er den Mentor. Gegen seine »Muttergottes mit den Märtyrern« wirken Bayeus Kuppelausmalungen geradezu flach und dessen rosagesichtigen Putti wie alberne, süßliche Staffage.

Dann folgt der steile Aufstieg als Hofmaler, dessen Privilegien er ausreizt. Er porträtiert die Familie Karl IV. an der Grenze zur Karikatur. Die Königin ist häßlich wie eine Hexe, der König, rotgesichtig wie ein Gewohnheitstrinker, blickt desinteressiert und wie benommen in die Ferne. Ihre Hoheiten nehmen derlei Frechheit gelassen. Nicht so die Inquisition. Vordergründig verfolgt man Goya wegen der nackten Maja, deren bekleidete Version beinahe noch ausgezogener wirkt, so dünn und fließend modelliert der Stoff ihre Formen nach. In Wirklichkeit aber geht es um die subversive Kraft seiner Radierungen: In den achtzig satirischen *Caprichos*, den »Spinnereien« oder »Hirngespinsten«, nimmt seine Gesellschaftskritik einen beißenden Ton, sein künstlerischer Ausdruck geradezu surreale Formen an. 82 weitere Radierungen »Los Desastres de la Guerra« prangern Gewalt, Greuel und Sinnlosigkeit des Krieges an. Zu einer Zeit, in der allein die Brieffreundschaft mit Voltaire ausreichte, um in Spanien auf dem Scheiterhaufen zu brennen, waren diese Graphiken eine Ungeheuerlichkeit. Goya rettet sich im letzten Moment vor dem Zugriff der Inquisition, indem er die Radierungen dem Königspaar schenkt und sie von deren Druckerei herstellen läßt.

Auch sein Stil in den Ölbildern wird immer freier, kühner. Das Kolorit seiner Zeit ist meist ernst und gewichtig, Goya aber setzt sattleuchtendes Bunt zwischen das übliche Dunkel, entwickelt sphärisch zarte Töne von Perlgrau, die eine nie gesehene Transparenz zeigen und schon impressionistische Züge tragen. Gezeichnet von einer schweren Krankheit und durch den Tod seiner Frau wird sein Alterswerk phantastisch, visionär und düster. Die Wände seines Landhauses bemalt er mit den apokalyptisch wirkenden »schwarzen Malereien«.

Am Ende seines Lebens hält ihn nichts mehr im rückständigen Spanien. Mit der Begründung, eine Badekur nötig zu haben, ergattert er eine Ausreiseerlaubnis, geht zunächst nach Paris, schließlich nach Bordeaux und bleibt dort bis zu seinem Tod. Gern rühmt man sich in Spanien damit, daß sein »Körper« in der Ermita de San Antonio de la Florida in Madrid bestattet sei. Den Kopf des alten Querdenkers nämlich hat ein Unbekannter vor der Überführung aus Frankreich abgetrennt und irgendwo in damals freiheitlicheren Gefilden bestattet.

Dennoch kann man sich heute in seiner Heimat Aragón beschaulich und ohne den Rummel der großen Hauptstadtausstellungen auf die Spuren des Malers begeben. In Calatayud werden ihm die Hängezwickel der Kirche San Juan el Real zugeschrieben. Leider haben der Zahn der Zeit und der Ruß der Kerzen die Bilder der Kirchenväter in großer Höhe fast bis zur Unkenntlichkeit dunkel gebeizt.

Für das Dörfchen Remolinos mit weiteren Hängezwickeln haben wir uns ein Fernglas mitgebracht, um den sturmwindgezausten heiligen Augustin und die anderen »Doctores de la Iglesia« zu bewundern. In Pedrola finden sich mehrere Goyas im Palast der Herzöge von Villahermosa, den Cervantes zum Schauplatz mehrerer Kapitel seines Don Quijote machte. Sieben weitere Wandmalereien schmücken nahe bei Zaragoza die Cartuja de Aula Dei. Der dort angesiedelte Kartäuserorden läßt allerdings nur männliche Besucher ein.

Für alle jedoch hält Aragón zur Stärkung seine ungemein deftige Küche bereit. Forellen, Milchferkel, Lammhaxen, marinierte Rebhühner und *migas*, Brotkrumen in Speck und Butter, seien nur als Beispiel genannt. Dazu gibt es eine Vielzahl ordentlicher, wuchtiger Weine und jede Menge gehaltvolle Süßspeisen.

Manche der urigen Kneipen sind schon Hunderte von Jahren alt. So erholt, kann man dann noch einmal die Fresken in der Pilarkirche zu Zaragoza bewundern oder den wunderbaren Renaissance-Innenhof des Museums Camón Aznar mit weiteren Bildern des Meisters.

In seinem Geburtsort Fuendetodos hat Goya einst den Reliquienschrank der Pfarrkirche bemalt, doch das gute Stück wurde während des letzten Bürgerkriegs zerstört. So bleibt nicht viel vorzuzeigen in dem kleinen, verschlafenen Kaff, und es kann schon eng werden, wenn ein Reisebus mit Landfrauen ins Geburtshaus geschleust wird. Der gefleckte Hund, der uns morgens begrüßt hat, hat sich wohl in den Schatten verzogen. Drei alte Männer mit Baskenmützen und Zigarettenstummel im Mundwinkel haben inzwischen Posten am Ortsschild bezogen und blicken uns nach, als wir davonrollen.

Nachsatz

Den Reportagen in diesem Buch liegen Texte zugrunde, die erstmals im *Deutschen Allgemeinen Sonntagsblatt,* in der *Frankfurter Allgemeinen Zeitung,* der *Frankfurter Rundschau,* der *Süddeutschen Zeitung,* der *Weltwoche* und der *Zeit* erschienen sind. Für die Veröffentlichung in Buchform wurden diese Beiträge überarbeitet, aktualisiert und ergänzt.